Azael Rodrigues

O ritmo interior

um passaporte brasileiro para o groove

Organizado por
Gaia Dyczko

LARANJA ● ORIGINAL

Edição bilíngue - São Paulo, 2018
ISBN 978-85-92875-28-2

© 2018 Gaia Dyczko
Todos os direitos desta edição reservados à
Laranja Original Editora e Produtora Ltda.
www.laranjaoriginal.com.br

Edição
Clara Baccarin
Filipe Moreau
Germana Zanettini
Jayme Serva

Organização e tradução
Gaia Dyczko

Revisões
Maria Eugênia Régis (português)
Celine Pompeia (inglês)

Tradução de termos técnicos
Fábio de Albuquerque

Transcrição de partituras
Percio Sapia

Projeto gráfico
Flávia Castanheira

Produção executiva
Gabriel Mayor

Dados Internacionais de Catalogação na Publicação (CIP)
(Câmara Brasileira do Livro, SP, Brasil)

Rodrigues, Azael (1955-2016)
    O ritmo interior – um passaporte brasileiro para o groove / The rhythm within – a brazilian passport to the groove: Azael Rodrigues
Organização e tradução para o inglês: Gaia Dyczko
1ª ed. – São Paulo: Laranja Original, 2018
Edição bilíngue: português / inglês
Bibliografia
ISBN 978-85-92875-28-2

1. Discografia 2. Música – Métrica e ritmo 3. Músicos brasileiros 4. Ritmo 5. Ritmos – Música 6. Rodrigues Júnior, Azael de Magalhães, 1955-2016 I. Dyczko, Gaia II. Título III. Título: The rhythm within: a brazilian passport to the groove

18-12505   CDD-781.224

Índices para catálogo sistemático:
1. Ritmo: Música 781.224

Todos os esforços foram feitos para reconhecer os direitos autorais e de imagem neste livro. A editora agradece qualquer informação relativa à autoria que esteja incompleta nesta edição, e se compromete a incluí-la nas futuras reimpressões.

o ritmo interior

7	Nota do editor – *Filipe Moreau*
9	Prefácio – *Gaia Dyczko*
13	Tabu (uma apresentação)
14	Introdução
15	Pulso (a trama por trás das frases)
21	Fundamento
24	Répétition (em francês, "ensaio")
25	Linguagem corporal
27	Surdo (o coração da batida)
29	Miami (as águas dançantes de néon)
32	Responsabilidade do Irresponsável (níveis de consciência)
36	O gerente (agora é a hora)
39	Dinâmica
40	Improvisação
42	Xícara de chá (opções)
44	Escolhas pessoais
45	O templo
47	Música no meu estômago
50	A carta
53	Carta de Oliver Sacks
54	Looping (mantra)
55	Histórias de Nova York
60	Sonho
62	E a festa continua
63	Wunderbar (os caras tocando)

Nota do editor

Livros como este alimentam em mim o sonho de uma humanidade feliz. Conheci Azael na adolescência, e entristeci quando soube de sua morte em 2016. Veio aquela sensação de que a vida passa rápido, e é preciso agarrar-se logo às oportunidades de ver alguns velhos amigos, onde quer que estejam.

A primeira vez que vi Azael no palco foi em um show na ECA (talvez 1978), ao lado de Tonho Penhasco e Skowa. Além de bateria, ele cantava e tocava violão. Duas das músicas eu pude aprender depois: Esotérico e Chuck Berry Fields Forever, do disco do Gil *Ao Vivo em Montreux*.

Ainda nos conhecíamos só de vista, porque na verdade ele era um pouco mais velho, amigo de Tuco Freire, Suzana Salles e outros. Mas depois nos aproximamos e assisti a vários shows com Félix Wagner e Suzana, alguns a céu aberto, na Vila. Depois ele se juntou com um amigo meu, Rodolfo Stroeter, para montar a afinadíssima banda Pau-Brasil, ao lado dos virtuosos Nelson Ayres e Roberto Sion. Aí eu pude comparecer a diversas apresentações, todas elas magníficas.

Há muitos contatos saudáveis que acabam por se perder no tempo, porque a vida passa sem freios... E fica esse sentimento de que é preciso ver logo todos os amigos, e agradecer pelo que aprendemos com eles.

Sobre morar nos EUA, dar aulas música, e escrever um livro, eu soube agora pela irmã, em 2017. Quem diria... Ela não me conhecia e apareceu na editora, procurando pela Clara. Mostrou todo esse material incrível, deixado por ele, que era só trabalhar em cima para preparar o livro. Muito da execução do projeto já estava adiantado, sob os cuidados dela.

Havia bastante chão, ainda, *mas o encanto tomou conta de todos nós*. Todos que conheceram o livro se apaixonaram e deram o melhor de si, da designer, Flávia, ao meu amigo Percio Sapia, que se incumbiu de preparar as partituras. Gaia, Clara, Germana, Jayme, Gabriel, todos trabalhamos muito – eu nunca tinha visto a equipe editorial se empenhar tanto, e produzir assim, tão unida e afinada.

Me parece que nada foi por acaso: 1) que ele tenha deixado um livro escrito; 2) que a irmã tenha se importado em resgatá-lo, e trabalhar e cima; 3) que tenha procurado por uma de nossas editoras; 4) que todos os sócios tenham achado o livro genial, e se empenhado em produzir uma bela publicação.

Realmente, este é um evento feliz.

Filipe Moreau

Prefácio

> *O processo de descoberta de quem você é, como indivíduo... No final do dia, ninguém pode tirar de você aquilo que é criado pelo seu ser.*
>
> Herbie Hancock

Era outubro de 2015, e eu estava de volta em São Paulo. Como de costume, fui visitar meu irmão e foi então, numa tarde de sol de primavera que Azael me falou do seu livro, escrito na época que viveu em Miami, entre 2000 e 2003. Animado, disse que depois de doze anos no Brasil, queria retomar o projeto, acrescentar as transcrições musicais ao texto, talvez alguns novos capítulos; enfim, brincar um pouco mais com as ideias originais. Nessa conversa, perguntou se eu gostaria de trabalhar na tradução. Acertamos para trabalharmos juntos quando eu voltasse a São Paulo.

O conceito de *O Ritmo Interior* aconteceu em 2001, quando Azael "Z" Rodrigues foi convidado para dar uma *master class* de percussão na Universidade de Miami. A experiência foi tão estimulante que despertou nele o desejo de escrever sobre essa paixão, que foi o *leitmotiv* de sua vida.

Idealizado originalmente como um estudo a respeito do *groove* na música e manual de técnicas de percussão, o livro é também uma coletânea de memórias, emoções, relatos de viagem e contemplações. Escrito em Inglês, naturalmente, pois ele vivia em Miami e sonhava em Inglês naqueles tempos. Escrito por um desejo de compartilhar sua visão do *groove* como uma ponte entre a consciência e o divino, Azael intui e aborda temas que precederam teses e estudos acadêmicos sobre o *groove*.

O primeiro estudo a respeito do *groove* é a tese de doutorado de Mark Russell Doffman, de 2008. Em *Feeling the Groove: shared time and its meanings for three jazz trios*, Doffman declara que "dentre as publicações existentes não há um ponto de vista estruturado que examine o *groove* e várias questões relativas ao processo de *timing*, fenomenologia da experiência e das estruturas musicais neste campo devem ainda ser abordadas". Um estudo posterior, *Jazz Improvisers shared understanding: a case study* de 2014, publicado por pesquisadores da Universidade de Cambridge e da NYU, analisa a relação entre músicos durante a improvisação e da sinergia entre plateia e músicos. Finalmente, *Syncopation: Body-Movement and Pleasure in Groove Music* de 2014, um estudo sobre a relação da complexidade rítmica associada ao *groove* e ao prazer da música através do movimento corporal remete-nos ao primeiro capítulo de *O Ritmo Interior*.

O fato de *O Ritmo Interior* ter precedido outros estudos sobre o *groove* não me parece importante, apesar de ser um dado cronológico que talvez devesse ser considerado. A discussão do caráter autoral de uma ideia torna-se desnecessária pois as ideias "estão por aí" virtuais, à espera de seu momento para tomar corpo e vida entre nós. Basta ficar em silêncio e ouvi-las. No entanto, interesso-me mais pelas possibilidades sugeridas por abordagens tão diferentes entre esses estudos e *O Ritmo Interior*. Enquanto neles a perspectiva é acadêmica, enquadrando-se dentro de padrões mensuráveis que visam um resultado de caráter científico, Azael escreve de forma poética a respeito de temas que lhe são íntimos e busca um fundamento científico para suas convicções através de sua correspondência com o neurologista e músico Oliver Sacks.

Não tive oportunidade de trabalhar com meu irmão no seu livro; sua morte prematura aconteceu antes da minha volta ao Brasil e me pergunto o rumo e a forma que ele iria buscar nesta etapa final de *O Ritmo Interior*. Dois capítulos, "Three Worlds, One foundation" e "Take Five", assim como algumas das transcrições se perderam. Sinto que, na tristeza que nos envolvia, talvez tenhamos doado livros e cadernos seus sem nos atermos realmente ao conteúdo do material.

Uma sinfonia inacabada... Mas como disse Herbie Hancock, no final da nossa história, no palco de todas as vidas, aquilo que emana de cada um fica, permanece claro e íntegro, por ser simplesmente *aquilo que é*. E nesse fragmento de vida, Azael Z Rodrigues, ao abrir seu coração e falar de "certezas" que ele entende num nível celular, nos deixa penetrar na poesia do seu ser, seu humor, seus sonhos, e nos deixa seu legado musical nesta passagem por aqui.

Gaia Dyczko

REFERÊNCIAS BIBLIOGRÁFICAS

DOFFMAN, Mark Russell. *Feeling the groove: shared time and its meanings for three jazz trios.* Open University: London, 2009.

SCHOBER, Michael F.; Spiro, Neta. *Jazz Improvisers' shared understanding: a case study.* Frontiers in Psychology, 2014. www.journal.frontiersin.org

WITEK, Maria A.G.; CLARKE, Eric F.; WALLENTIN, Mikkel; KRINGELBACK, Morten L.; VUUST, Peter. *Syncopation, body movement and pleasure in groove music.* Public Library of Science, 2004.

Eu sou o lagarto rei, e tudo eu posso fazer
JIM MORRISON

Para meus pais Maria Olga e Azael

Tabu

(uma apresentação)

Esse é o tema deste livro: analisar o *groove*.
Para muitos músicos, uma questão impensável. Não para mim.
Suingue: algumas pessoas o têm, outras não. Algumas pessoas mais, e outras menos. Os negros esbanjam suingue (e aí, algumas pessoas negras, não). Com os brancos, é a mesma história...

Existe na África uma tradição onde os xamãs fazem a tribo inteira entrar em uníssono tocando os seus tambores. Qualquer músico cabeça-feita gostaria de abraçar esta tradição e fazer parte dela. Mas é aí que a sua natureza vai fazer toda a diferença. Uns vão suingar um pouco, outros vão suingar como loucos. Tudo depende de como cada um lida com o **instintivo** e com o **assimilado**, o dom natural e o talento desenvolvido. Uma vez que você assimila uma técnica, você pode verbalizar a seu respeito. Não se trata da cor do seu cabelo; é um processo que pode ser estudado para desenvolver um maior nível de performance e produzir uma música melhor. A música cheia de suingue faz toda a diferença para mim.

Meu objetivo aqui é investigar o que faz uma audiência criar um vínculo com o artista e se identificar com o *groove*. Gostaria de explorar como isso acontece de uma perspectiva técnica, física e intelectual. Eu venho pensando neste assunto desde garoto. O *groove* está por todo lado: ele dá mais sabor à vida. Além disso, eu gostaria de falar sobre minhas experiências com a música.

As duas ideias estão extremamente relacionadas. E já que estou falando sobre isso, tenho de falar sobre o ambiente onde isso ocorreu: no meu país, o Brasil. Eu quero trazer para vocês um pouco da nossa vasta cultura e música, que navegou intensamente nas águas da tradição africana.

Estou sendo pretensioso? Sim, mas esta é a única maneira de se conseguir alguma coisa: ter uma ideia e trabalhar por ela.

...

Introdução

No início havia a nota.
Em seguida, um grupo de notas.
Estes grupos, ocorrendo no tempo, geraram uma repetição. Você tem, então, um padrão e... talvez, o *groove*.
Qual é a diferença entre um padrão e o *groove*?
É simples; cristalino.
Pense num pássaro.
Melhor, pense no pelicano, sublime, voando no maravilhoso céu da Flórida às cinco e meia da tarde (quando eu saio para correr). Esse *insight* aconteceu ao vê-lo voar. Quando o pássaro alça voo, o seu esforço de levantar um corpo mais pesado do que o ar caracteriza um padrão. (Santos Dumont, o pioneiro da aviação brasileira, cruza meu pensamento). Agora, pense nesse mesmo pássaro fazendo aquela dança delicada, voando e graciosamente planando no ar, e o que você tem? *Groove*.

A ideia de trabalhar o conceito do *groove* surgiu quando recebi um convite do Dr. Ney Rosauro, diretor do Departamento de Percussão da Universidade de Miami, para dar uma *master class* na UM.

O conceito do *groove* já existia para mim. Eu já trabalhava com essa percepção desde que comecei a tocar violão, aos onze, ou até mesmo antes. Na verdade, eu já trabalhava com esta noção desde que percebi que podia pensar. Minha primeira percepção de que eu era, de fato, "um ser". "Sinto o *groove*, logo, existo."

E foi por meio destes conceitos, sons e memórias, que eu encontrei um caminho no meu pensamento musical. Este estudo lida com a minha experiência na música ao longo de todos estes anos. Sinto-me muito feliz por ter podido explorar o mundo e visitado diversos países fazendo aquilo que eu mais gosto.

A experiência de escutar e de sentir a música é muito importante para o conceito geral aqui apresentado, e por isso neste volume incluí alguns exemplos que considero adequados, com comentários que enfocam aspectos relevantes.

Vamos falar da música brasileira – a trama da minha informação musical (a música interior) –, assim como da música do mundo e sua beleza. Eu aprendi muito sobre diversas culturas, benditas sejam! Embora os principais exemplos sejam baseados na música brasileira, o conceito pode ser utilizado para qualquer música.

É só você se deixar levar. Divirta-se.

...

(a trama por trás das frases)

Vital.

Essa é a primeira coisa que os paramédicos vão checar, se você tiver um problema de saúde nas ruas.

A música é feita a partir deste pequeno e importante elemento. O pulso é a nota. E é também o espaço que acontece até a ocorrência da nota seguinte. Ele traz potencialmente, melodia, harmonia e ritmo dentro de si.

Mas o pulso também contém um componente que pode fazer com que você defina um novo parâmetro: o *groove*.

Vamos falar sobre conceitos. E o primeiro elemento que vamos trabalhar é este que traz vida para a música: o batimento.

Para entender o batimento, temos que lidar com o tempo. O tempo está lá no metrônomo. Mensurável. O tempo-andamento estabelecido pelo compositor. Absoluto. E você tem o pulso, o relativo. Se um maestro determina um *accelerando*, ele acelera seus movimentos para definir um tempo mais rápido para a orquestra. Ao fazê-lo, ele reduz os espaços entre as notas, a fim de alcançar o outro tempo. Ele usa o pulso para alcançar o novo tempo. O relativo em direção ao absoluto.

Tome um pulso e acrescente outro a ele, e teremos uma amostra do que chamamos de ritmo. Uma célula rítmica é um grupo de pulsos. A música está aí dentro. A célula torna o ritmo reconhecível pela sua configuração e por sua ocorrência repetida.

Vamos refrescar a memória e falar sobre o ritmo.

O que faz o ritmo existir? Um padrão com a sua repetição. Quando esse padrão se repete várias vezes, nós damos a esta repetição um nome: samba, jazz, maracatu, son[1], valsa, polca etc. Estamos falando da trama que serve de base para as frases da música.

O primeiro elemento. O começo de tudo.

Uma nota (e seu espaço correspondente) que cria certas características: a memória genética. Uma identidade.

Ao descobrir as características desta nota (e espaço), você terá um pulso. Sua existência acontece a partir da qualidade da nota: colcheias, tercinas e semicolcheias, etc. A partir desta primeira identidade, você criará a célula e, em seguida, o padrão, e então, você tem o ritmo.

---

[1] Ritmo cubano

Vamos desacelerar e trazer um exemplo.

O primeiro é um "sacrilégio" (pelo menos para os meus professores da Universidade de São Paulo) para com a música europeia "clássica", mas, como eu acredito em todos os deuses, não há nenhuma possibilidade de existir qualquer tipo de transgressão. Tudo é pulso!

... E de repente, você decidiu mudar seus planos e, em vez de ir conhecer o Carnaval do Rio, onde o samba dá o tom, você decidiu ir para o Recife, onde os brasileiros brincam ao som do maracatu.

O Carnaval no Brasil é "a" festa (o maior evento do ano). Algumas pessoas vivem suas vidas para este evento. Trabalham o ano inteiro esperando por esses quatro dias; ou melhor, para o dia em que suas escolas de samba desfilam nas ruas, disputando o primeiro prêmio.

E agora você está em Olinda, o sol da tarde é intenso e você flertando com as meninas (eu adoro vê-las dançar!). E então, você ouve os tambores tocando:

Dadadadah, dadadadah, dadadadah.

Você não é um músico? É fácil compreender essa ideia, basta colocar o nome desse ritmo no lugar das notas (há um acento no "U") e você vai entender o que quero dizer: *maracatu, maracatu, maracatu.*

Mais tarde, depois de uma caipirinha (a bebida mais popular do Brasil entre os estrangeiros), você vai para o seu hotel. Lembre-se, você é um cara alemão (é você mesmo?) à procura de diversão. Mas com essa enorme ressaca, você quer ficar com os clássicos e então liga o rádio na FM e encontra a sua zona de conforto: a Quinta Sinfonia de Beethoven. E aí vem:

Dadadadah...   dadadadah...   dadadadah...dadadadah... dadadadah.

A minha pergunta é: será que o nosso herói (você, meu caro leitor) faz a conexão entre os dois ritmos e percebe a semelhança desses estímulos sonoros?

É basicamente a mesma figura executada. O mesmo 2 por 4.

O que você acha?

Dadadadah!

De jeito nenhum! Mesmo de forma subliminar, não parece ser possível... O batimento é diferente! Um é quase um pulso militar duro com muito ar nos pulmões, o outro é um pulso preguiçoso solto, cheio de responsabilidade na sua irresponsabilidade. Na verdade, cada um tem seu próprio balanço, apenas de um tipo diferente.

Para sua referência, você encontrará abaixo uma transcrição de ambos os ritmos mencionados.

Samba e Maracatu

Quinta Sinfonia

Samba Surdo

Samba Chimbal

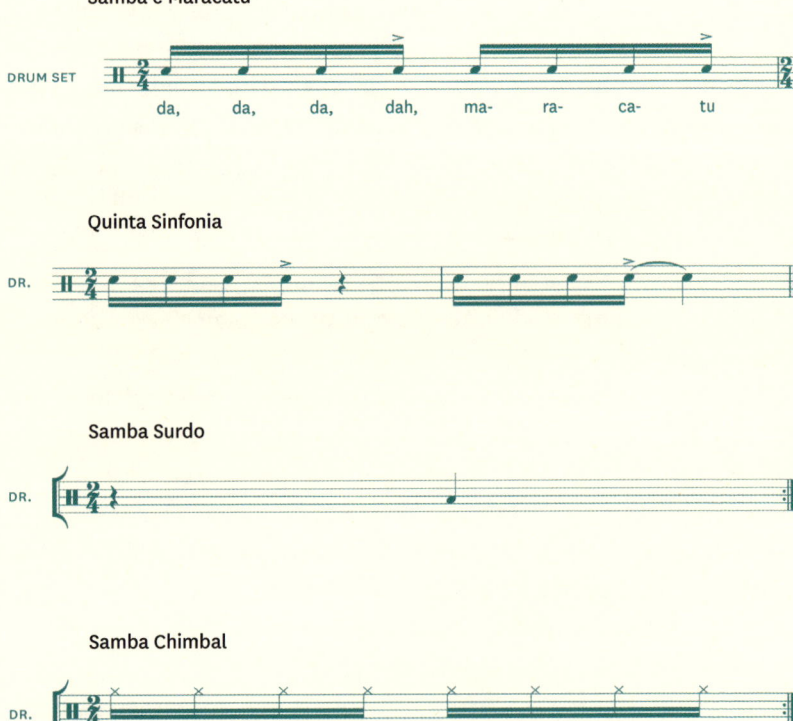

Maracatu Agogo

Maracatu Caixa

Maracatu Gongue

Maracatu Maraca

Maracatu Virador

Maracatu União

Em um dispositivo programável, como um teclado ou uma bateria eletrônica, existe a função de quantização que corrige automaticamente o seu ritmo, colocando a sua nota no lugar "certo".

Eles são programados eletronicamente para o tempo absoluto. A música clássica tende a pensar nestes termos, movendo-se nessa direção. E os *rubatos, accelerandos* e *rallentandos* dão ao maestro ou ao solista a ferramenta para uma alteração do pulso enquanto a música está sendo tocada.

O ritmo brasileiro tem um balanço – um *groove* que poderia ser inconcebível para um "Waltz Meister". Se você assistir a um jogo de futebol entre os dois países, é possível observar as diferenças em sua linguagem corporal.

Eu tenho uma declaração a fazer: eu amo a música de Beethoven. Cantei uma vez a "épica" Nona (com outros alunos em um curso de verão no Teatro Municipal de São Paulo). É uma música com um poder enorme.

Tal e qual a *wunderbar*, maravilhosa música brasileira.

Ambas têm o seu próprio balanço e são tocadas de uma maneira diferente, com um pulso diferente.

Afinal, o que é mais importante para você?

Apenas a música que o agrada mais! Basicamente, o que importa é o som que você deseja criar e trazer para a festa.

Vamos deixar essa ideia para um outro capítulo.

Vamos para as raízes. Fundamento.

■■■

Fundamento

Um grande passo na minha relação com o *groove* aconteceu quando comecei a tocar com Luizão Maia. Meu irmão, ponto. Ele foi o "criador" do baixo elétrico no samba. Seu segredo? Uma nota fantasma que ele toca com sua unha e sua maneira de tocar, como um surdo. Ele foi o primeiro (e provavelmente o único) baixista que tocou com uma escola de samba nas ruas do Rio de Janeiro.

Quando Luizão falava de suingue, ele usava a palavra "macadame".

Macadame (do inglês *macadam*) é o tipo de pavimento utilizado no início de 1900 para construir os grandes *boulevards* de Paris. O conceito que ele estava passando com esta palavra era fundamento, a base de tudo, o poder do invisível. Isto é, na sua essência, o ritmo interior.

Vamos usar um exemplo: jazz.

Você tem a figura básica que expressa a ideia:

Jazz

E você tem as infinitas possibilidades de utilização de frases diferentes para tocar com esse ritmo.

Vamos com o básico e escolher quatro:
· notas pontuadas;
· colcheias;
· tercinas;
· semicolcheias.

Se você tem uma bateria disponível (ou dois instrumentos de percussão, ou mesmo seu sofá), tente reproduzir o ritmo básico no prato e faça algumas frases usando cada uma dessas figuras escolhidas na caixa de bateria (mão esquerda). Toque cada uma separada para sentir o seu *groove*. O que você vai notar é que a nota pontuada e as tercinas são mais adequadas com o acompanhamento do que as colcheias e semicolcheias. Embora as colcheias e semicolcheias possam soar maravilhosas, a ideia aqui é a sensação de encaixar.

Por que isso aconteceu?

Porque, basicamente, jazz é uma batida 12/8 "traduzida" para um formato 4/4.

A sensação básica de jazz é:

E é claro que você toca mais facilmente com as figuras mencionadas acima, porque elas ocorrem no mesmo tempo da levada, formada por um grupo de três notas tercinas. No samba, seguindo a mesma linha de pensamento, o *feeling* é a semicolcheia.

Você tem várias síncopes (uma das características mais fortes da música brasileira), mas o que vamos enfocar é o "macadame". Para tocar com suingue, você tem que interiorizar o sentimento do grupo das semicolcheias. Mesmo se você tem uma pausa, você precisa ter essa batida dentro de você.

Nunca esquecerei o exemplo do maestro de uma orquestra em São Paulo. Para explicar o conceito (da música interior) ele colocou o dedo dentro de sua boca aberta apontando para o interior de seu corpo mostrando o caminho para sentir a música. Ele estava absolutamente certo. A música não está no papel, embora esta seja uma maneira maravilhosa de gravá-la.

Vamos explorar o conceito de "macadame" e pedir para uma banda que foi superconhecida na década de 1970 e 1980 para nos dar uma mão. E eu vou dizer, eles realmente entendem de *groove*. Earth Wind and Fire. Vamos usar o arranjo deles para a canção dos Beatles "Got to get you into my life":

Tercinas

Aqui você tem a sensação perfeita das tercinas no *feel* daquele *shuffle*.

E então você escuta:

Semicolcheias

Eles estão tocando com um *feel* da semicolcheia.

Você pode facilmente tocar uma figura de samba em cima daquele ritmo. Como eram ecléticos, tocavam os dois *feels* com habilidade.

Próximo passo? Como pensar na semicolcheia.

■ ■ ■

Répétition

(em francês, "ensaio")

A repetição é tudo. A chave para alcançar o *groove*.

A fim de estabelecer a fluência do ritmo interior (depois que você descobriu qual é o adequado para a situação), você tem de tocar esse padrão básico até sentir uma sensação confortável em seu corpo à medida que toca aquela célula. O padrão tem de ser completamente dominado em termos mecânicos; então, você tem que tocar e tocar e tocar... e de repente você vai sentir a sua música flutuando. Seja paciente. O que é preciso? Tempo. Funciona sozinho. Você chega lá pela sua dedicação ao seu trabalho. Depois, há apenas a célula. Não é uma questão de trabalhar com o inconsciente. É "tão" consciente que você não precisa pensar mais nisso, está tudo lá, dominado, alcançado.

Repetição (*répétition*) em francês significa também ensaio. É uma ideia um pouco diferente, mas é um conceito muito adequado para o caso. Ensaie o padrão até encontrar o seu *groove* e então poder tocar frases. A batida será precisa. Eu gosto de usar a expressão "ficou redondo", que significa sem ângulos agudos, bem executada.

O mestre desta arte é João Gilberto. Violonista e cantor, um dos criadores da bossa nova (junto com Antonio Carlos Brasileiro Jobim), João Gilberto é também responsável por sua popularidade. Miles Davis o amava. Ele é capaz de ficar trabalhando uma só música durante meses, ou mesmo anos, antes de executá-la para uma plateia. Histórias estranhas sobre João? Existem várias, mas nenhuma neste livro. Confira seu álbum "Amoroso" (com os arranjos incríveis de Claus Ogerman) e sua batida do violão. Não preste atenção à seção rítmica. Concentre-se no *beat* de seu violão. E a maneira como ele fraseia a melodia enquanto canta por cima dela. Está tudo lá.

Um americano que é um mestre nesta arte? O sr. Warhola, Andy Warhol. Ele introduziu o conceito de linha de montagem de Henry Ford em um contexto de arte, quebrando a regra de "pureza" de uma obra de arte e elegendo um tema como a "sopa Campbell" como inspiração para uma imagem que se repete.

PS: A repetição pode ser perigosa e hilariante, como você pode ver no filme de Charlie Chaplin *Tempos Modernos*.

Linguagem corporal

Depois de terminar um *set* aqui em Miami com o Bam Bam Z Project, nós nos sentamos para uma conversa e uma menina chegou e começou a falar sobre a nossa performance. Ela disse que sentiu que eu não estava só tocando, eu "era" a bateria, por causa do movimento etc. Muito lisonjeiro. A história pode servir como introdução ao nosso assunto. Para atingir esse ponto de ebulição, quando todos os músicos estão unidos para fazer acontecer, você tem de estar relaxado. E tem mais. Você está em movimento, daí que o seu corpo, mesmo se não é a sua intenção, está "dançando". Portanto, não seja demasiado duro ou cauteloso no seu relacionamento com o instrumento. Seja o instrumento. Deixe fluir.

Falando sobre a minha cultura, temos uma luta/dança, capoeira, que sintetiza música e movimento e que é simplesmente perfeita para soltar-se e lidar com o ritmo interior.

Vamos começar com um padrão calango:

Calango

A melodia é assim:

E então você tem os passos: (vamos, levante-se e comece a se mover, nós estamos falando sobre linguagem corporal)

Posição inicial: pés paralelos, um palmo um do outro.
Movimento 1: pé direito um passo para trás.
Movimento 2: inclinar-se sobre o seu pé esquerdo.
Movimento 3: pé direito um passo para frente, na posição inicial.
Movimento 4: pé esquerdo um passo para trás.
Movimento 5: inclinar-se sobre o pé direito
Movimento 6: pé esquerdo um passo para posição inicial.

Os braços acompanham o movimento do pé, na posição de defesa (protegendo o rosto). Quando o pé está de volta na posição inicial (movimentos 3 e 6), os braços descem, preparando a transição para o outro braço. Tudo certo. Você tem uma dança em três passos e o ritmo tocado em 2/4.

Você precisa ter seis batidas para ter todo o ciclo entre os dois. O ritmo dentro do ritmo. A capoeira "aconteceu" até dentro da música eletrônica. O meu bro Adrian (um viciado em *drum and bass*) me disse que esses movimentos são imbatíveis nos círculos de dança nos festivais de música eletrônica.

A linguagem corporal está presente até mesmo nas letras de nossas músicas. "Garota de Ipanema" (uma das músicas mais tocadas no mundo em todos os tempos), composta por Antonio Carlos Brasileiro Jobim, com letra de Vinicius de Moraes, descreve a maneira doce de andar daquela menina, com seu "doce balanço". Você já entendeu, não é? Uma foto em palavras que fala sobre a beleza dessa mulher e seu *groove*.

"Balanço" significa *swing*, o *groove*, e tenho dito.

...

Surdo

(o coração da batida)

Eu estava em Paris, excitado; o meu primeiro grande show internacional no Festival Paris Jazz com a banda Pau Brasil. Fomos a banda de abertura de um grupo maravilhoso, Machito and the All Stars Salsa. Eu estava encantado com a frase do baixo:[2]

---

2 Acreditamos que o autor tenha ouvido Salsa, Songo, Tumbao etc.

E o *groove* que vinha daquela divisão! Para jogar um suingue extra em toda a performance, Machito dançava no centro do palco.

Eu já conhecia a batida clave, mas fiquei surpreso com o *groove* no baixo: o que você chama de "o coração da batida"? Vou deixar essa decisão para você! (Lembro-me agora dos meus dias na faculdade, estudando *La Opera Aperta*, de Umberto Eco...)

O que eu sei é que o surdo é o coração do samba. Seu tom baixo define o ritmo para toda a escola de samba, a batida sempre presente no segundo tempo do compasso 2/4. Jorge Benjor, o mestre do *groove*, cantor, compositor, guitarrista, percussionista, com discos de ouro de sambafunksoul, tem uma música dedicada a esse instrumento: "Bumbo da Mangueira".

Outro festival, desta vez em Brasília, onde estávamos abrindo para o Som Imaginário. A canção era "Folhas Secas". A música começa com a bateria, e eu ainda me lembro da profundidade do surdo criando o ritmo para esta canção maravilhosa que evoca a passagem do tempo. Paulinho Braga, o homem atrás da bateria, jogou os tons em um volume maior do que a caixa (para compensar seu timbre penetrante dominante) e isso funcionou maravilhosamente.

O batimento em Jazz? Fácil. Estale os seus dedos entre 2 e 4.

Rock & Roll? 2 e 4 mais uma vez. A caixa poderosa.

Reggae? A guitarra que toca no contra nos quatro pulsos da batida. E o bumbo da bateria no tempo forte.

Lembro-me agora da minha primeira noite com a nossa banda no exterior. O concerto de abertura de Pau Brasil, na Suíça. Estávamos em Genebra e os caras foram dormir porque estavam cansados. Eu tive de sair para fazer uma caminhada. Estava tão fascinado com a ideia de poder tocar em um país diferente, levar nossa música para outra cultura. Numa época anterior à internet, quando os países pareciam estar muito mais distantes, eu me sentia muito emocionado com esta possibilidade de poder "falar" com o mundo.

■■■

Miami

(as águas dançantes de néon)

S'wonderful, s'marvelous... O CD de Diana Krall saiu no momento que eu cheguei à América. De certa forma, estas palavras representam o que sinto cada vez que atravesso de carro a via elevada Julia Tuttle (via interestadual 195) para ir à escola. Toda essa água me enche de calma. É uma sensação semelhante ao que sinto cada vez que chego ao Rio de Janeiro de avião. Tom Jobim descreve a vista da janela do avião em "Samba do Avião"... O Corcovado, "Que lindo" (como é bonito)! Na verdade, essas duas cidades têm muito em comum, da arquitetura *déco* à paisagem exuberante e a sensação de estar sempre rodeado de água.

A bossa nova foi criada no Rio. E bossa nova e samba foram as músicas que eu ia começar a tocar logo após a minha chegada.

Você tem de ser *cool* em Miami. Você tem de esperar pacientemente para atravessar os trilhos do trem no meio da cidade (uma cena que sempre me lembra "Barbary Coast" do álbum do Weather Report, *Black Market*), você tem de esperar para os barcos passarem nos canais até que você possa atravessar as pontes levadiças.

Mudar para um país diferente requer uma postura muito revitalizante; embora você conte com a sua experiência anterior (e eu viajei para vários países com bandas diferentes), há tantas operações do dia a dia com que você tem de se familiarizar (como posto de gasolina, banco, supermercado e a língua, só para falar de umas poucas). Eu vivi a sensação de ser novamente um estudante, fazendo um curso de inglês e aprendendo um novo modo de vida. Muita informação acontecendo ao mesmo tempo. Eu precisava estar focado, consciente, para ter sucesso. E eu descobri um conceito que, no final, foi a semente para escrever estas ideias.

Tinha que me concentrar em todas essas pequenas operações. E me dizia que nada poderia ser deixado para trás. Uma vida vivida no presente. Esta postura me fez pensar em cada pequena conquista, fazendo-me esquecer das "grandes" perguntas e comemorar os pequenos sucessos no fim do dia, enquanto eu ia fazer o meu *jogging*. Pense no botão *refresh* do seu computador: é exatamente a mesma coisa.

Com relação ao *jogging*, esta cidade e sua beleza me deram motivação para ficar mais em forma. Fiz o "meu" circuito em Belle Meade e, sempre que possível, atravesso a pequena ponte que leva até a ilha. Lá, estou com os pássaros, e especialmente com as pessoas: alguns deles com os seus filhos, alguns passeando com seus cães, e outros, fazendo *jogging* como eu. Todos me cumprimentam. Acho este hábito americano muito estimulante; uma espécie de reconhecimento mútuo de que se está em movimento, compartilhando algo, juntos. Pouco a pouco, sinto que faço parte deste novo mundo.

Comecei a tocar o repertório dos mestres brasileiros (no Gil Café) usando um kit de bateria pequeno da casa. Como o local é bem pequeno, tive uma grande oportunidade para desenvolver as vassourinhas. Embora eu seja um grande fã das vassourinhas, eu sempre fui chegado num som mais alto.

A dinâmica do piano (muito suave) e o pequeno kit produziu em mim um foco que passava pela síntese. Eu não estava "distraído" por diferentes timbres ou muitas frases. Eu estava me levando na direção da cor do ritmo, o *groove*.

O pouco movimento (quase nenhum) que vinha da pequena plateia me fez ouvir a nota, grupo de notas e, no fim de três meses de trabalho fixo, eu inventei uma forma diferente (pelo menos para mim) de tocar samba: apenas o chimbal e o bumbo. O bumbo é que faz a figura básica:

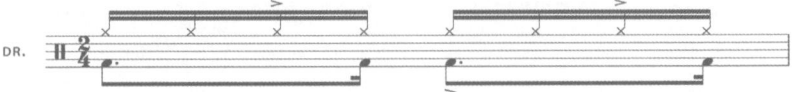

ou a figura surdo e o chimbal podem ser tocados de três maneiras diferentes que podem ser combinadas:

• a mão direita faz as semicolcheias (uma ideia que vamos trabalhar mais tarde) e a esquerda faz as variações sobre o chimbal com o telecoteco ou tamborim (o pequeno tambor tocado com uma vara fina com um som agudo característico).

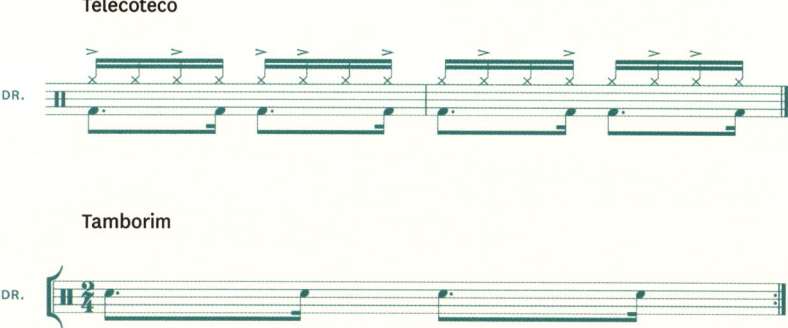

• tocando "básico", com as mãos alternadas, o grupo de semicolcheias e trabalhando com acentos. Isto foi o que me despertou para este conceito.

• usando novamente a variação do pandeiro com as mãos alternadas (que poderia ser apenas sobre o chimbal ou com o chimbal e a caixa: quando você toca os acentos no chimbal com a direita e a esquerda, toca as notas fantasmas na caixa).

Esse jeito de tocar é muito simples em termos da técnica exigida, mas sua **clareza** traz algo diferente para a música.

O *groove* é comunicação. Ele produz uma reação nas pessoas. Podíamos sentir esse *feedback* depois de tocar os contras de "Deixa".

Era o momento em que a banda e o público entravam em uníssono: ligados (energeticamente) no mesmo pulso, após o *groove*.

■ ■ ■

A responsabilidade do irresponsável
(níveis de consciência)

Ainda adolescente, comecei a procurar maneiras de expandir o meu desenvolvimento musical e buscar novos caminhos dentro da música, e decidi estudar percussão clássica, primeiro com aulas particulares e mais tarde na Universidade de São Paulo, com o professor Claudio Stephan. Um dia, quando me atrasei com um trabalho, tentei explicar a ele o que tinha acontecido. Ele me parou no meio da frase: "Isto é só uma explicação, são apenas palavras. Eu prefiro lidar com o seu trabalho". Aprendi uma lição importante.

Um conceito similar pode ser encontrado na nota introdutória de um método que abriu, para mim, as portas da percepção no jazz: *Técnicas avançadas para o baterista contemporâneo*, de Jim Chapin. Ele diz:

> Nada é mais desagradável para um músico de *dance* do que um baterista que faz síncopes continuamente no bumbo e caixa e que fica brincando, fazendo com que a linha rítmica seja quebrada.

Ele está lidando com o conceito de responsabilidade. Você não pode ficar "enrolando" (!) na bateria, você precisa mostrar atitude. Tem de estar focado, ser responsável e estar seguro de que tudo está no lugar certo (a coordenação e a realização do movimento dos quatro membros na bateria).

Vejamos o que pensa Friedrich Nietzsche, filósofo alemão:

> A percepção elevada do extraordinário privilégio da responsabilidade, o entendimento desta rara liberdade, este poder sobre si mesmo e

sobre o destino, atingiu sua profundeza e assim tornou-se o instinto, o instinto dominante. Como intitular esse instinto dominante, supondo que se sinta a necessidade de dar-lhe um nome? A resposta está além da dúvida: este homem soberano chama isso de sua consciência.

Isso significa que "cabe a você fazer aquilo que você deve fazer". Oliver Sacks, em seu maravilhoso livro *Tio Tungstênio: memórias de uma infância química*, dentre vários conceitos interessantes, descreve o *groove* e os níveis de consciência, ao falar de seu professor de música.

> Ticcicati ensinava a Marcus e David a música de Bach e Scarlatti com intensidade apaixonada, exigente... e às vezes eu o ouvia bater no piano com frustração, gritando: 'Não, Não, Não!', quando eles não conseguiam tocar corretamente. Daí, às vezes ele se sentava e de repente eu descobria o sentido do domínio profundo de uma arte.

Ele lida com duas ideias que são realmente interessantes. O domínio em si (realização musical) "para fazer as coisas bem", e o despertar do espírito do sr. Sacks, quando "de repente eu sabia o que significava".

Em seu livro *Introdução ao Zen Budismo*, o doutor Suzuki descreve a iluminação (*satori*) sempre usando a expressão: "De repente..." para nos mostrar o ponto de passagem entre uma vida anterior e a nova, com "a luz". Ele diz:

> *Satori* pode ser definido como um olhar intuitivo sobre a natureza das coisas, contrariamente ao entendimento analítico ou lógico sobre ela. Na prática, significa o desdobramento de um mundo novo até então inaceitável pela confusão de uma mente dualisticamente treinada. Ou podemos dizer que, com *satori*, todo nosso entorno é visto de um ângulo de percepção bastante inesperado. Seja como for, o mundo para aqueles que ganharam um *satori* não é mais o velho mundo que costumava ser.

A mecanização desempenha um papel importante no trabalho de um baterista.

A tese... Vamos começar a sentir o jazz e pensar quanto é importante ter a sequência correta do ritmo feito pelo prato (mão direita) e o chimbal (pé esquerdo). Esta "é" a cara do ritmo. A apresentação. Um bom trabalho de tempo, tom e balanço pode praticamente ser quase tudo neste tema.

A antítese... Mas você também tem as frases (bumbo e caixa). O papel desempenhado pela mecanização tem de ser dominado de uma forma que você possa deixar espaço para a sua consciência trabalhar as frases. Isso significa que você não pensa sobre isso. Você faz isso de um jeito "irresponsável", porque já dominou o processo.

A síntese... Temos então, o terceiro processo: depois de estabelecer suas frases, você inicia um diálogo com a mecanização, criando então o que eu chamo de música de ponta.

Tecnicamente falando (o campo aqui é a neurologia) você lida com uma operação subcortical (o reflexo condicionado após o trabalho de repetição), uma operação cortical (as frases acontecendo nesse momento) e a interação entre os dois, gerando um diálogo que libera a parte mecanizada para "pensar" mais uma vez.

O Zen está sempre falando de ideias opostas/complementares. E sobre níveis de consciência e iluminação. Então eu me sinto livre para falar sobre um dos meus temas favoritos: paixão. Aquela que faz você se mexer, que faz você amar.

Bertrand Russell em sua autobiografia diz no capítulo introdutório: "Procurei o amor, primeiro, porque ele traz o êxtase – êxtase tão grande que muitas vezes eu teria sacrificado todo o resto da vida por algumas horas de alegria".

Rosa Passos canta uma canção que ressoa essa ideia. A letra, que fala sobre tempo (horas) e espaço (a distância entre dois amantes), me faz pensar em meus sentimentos quando leio Stephen Hawking explicando-nos o princípio da incerteza. O campo onde moram os amantes.

A canção, "Se o Tempo Entendesse":

As horas torturam quem ama
Correndo ou custando a passar
Se o tempo entendesse de amor
Devia parar.

Depois de ler e reler
A tua carta
Eu necessito dizer-te
Toda a verdade

Ao encontrar-te encontrei
A mim mesmo, querida
E descobri a razão
Da minha vida...

Odeio os ponteiros que correm
Se estamos perto,
Odeio os ponteiros que param
Se estamos longe
As horas torturam quem ama
Correndo ou custando a passar
Se o tempo entendesse de amor
Devia parar.

Amor. O que é isso? Talvez uma tentativa de experimentar o supremo com o outro... Para alcançar o supremo estando juntos?
Oliver Sacks conta no mesmo livro algumas experiências esclarecedoras. Ele diz:

> ...mas eu, me sentindo preguiçoso, encontrei uma prancha, me agarrei nela... Perdi todo o senso de tempo enquanto flutuava... Um bem-estar incomum, uma espécie de arrebatamento tomou conta de mim... Algo mágico estava acontecendo... Uma enorme onda de alegria, que

me elevava mais e mais, parecia ir sempre adiante, todo o tempo, e depois finalmente trouxe-me de volta, numa lânguida felicidade; era o mais belo e tranquilo sentimento que eu já tinha tido.

Muito espiritual, não?
Vamos ler um pouco mais:

Foi só quando eu tirei meus shorts que eu percebi que devia ter tido um orgasmo... Eu não me senti ansioso ou culpado... Senti como se eu tivesse descoberto um grande segredo.

Extremamente carnal, você não acha?
É isso aí. Os dois lados de uma moeda, Yin & Yang. Complementar. Inale e expire. Orgânico. Partes do mesmo Um.

Para conquistar alguma coisa: o atleta rala para obter a sua medalha de ouro, o cientista pesquisa toda a sua vida para chegar a uma descoberta, o discípulo pratica para alcançar seu *Satori* e nós, músicos, temos esta chance incrível de trabalhar duro e ter o prazer de dar o nosso melhor para chegar ao *Groove*, Bossa, Macadame, Suingue...

...

O gerente

(agora é a hora)

O subtítulo deste capítulo é o nome de um álbum do Mr. "Fat Sound" Charlie Haden. Na capa, a famosa foto de Eisenstaedt de um casal se beijando, a urgência em tempos de guerra. O tempo é o tema deste estudo, estamos falando de ritmo. Ritmo em seu instrumento, em sua música, em sua vida. Foco, concentração e trabalho duro são ferramentas muito importantes para ir para o próximo passo em sua busca de conhecimento. Repetição também. Lembre-se que estamos lidando com o tempo.

Tempo descreve como você lida com as batidas. Como uma máquina de ritmos ou um metrônomo, você pode trabalhar com ele. Você pode estar à frente, você pode estar no tempo ou disperso.

Uma escola de samba tende a tocar para a frente; mais do que isso, eles tendem a empurrar o ritmo. A emoção, todas essas pessoas, a adrenalina rolando... Um ano inteiro de ensaios acontecendo em apenas 80 minutos no Sambódromo (um estádio de samba), e daí, eles correm. E então, há o desfile, a caminhada, o desperdício de líquidos e energia e então o ritmo desacelera. Tempo para ouvir o apito do mestre da bateria (o grupo de percussão completo, que pode ter algo como quatrocentas pessoas em sua formação). E isso desperta todos e traz o nível de volta à "urgência" inicial.

Estava falando sobre o tempo absoluto. Mas a minha preocupação aqui é sobre o tempo relativo também. Nessas semicolcheias há uma elasticidade que torna possível a você apressar. Você tem um grupo de quatro semicolcheias. Você toca as quatro correndo um pouco, mas você consegue tocar a quinta (a primeira do próximo grupo de quatro) na hora certa. Você tem a sensação de empurrar, mas a batida ainda está lá se acertando em cada início de grupos de semicolcheias.

Um exemplo de estar no tempo é uma música pop ou um *jingle* para TV. Geralmente são peças curtas (comerciais: tempo é dinheiro). Você tem de ouvir o clique e você não vai deixá-lo até que a peça acabe.

Para falar sobre o tempo mais solto, eu tenho que mencionar o nome *do* batera – Elvin Jones.

Ele trabalhou como ator em *Zachariah*, um filme de 1971 classificado como um "*western* elétrico", e foi aí que eu aprendi a fazer as tercinas usando o pé direito. Ele era o bandido, vestido de preto. Depois de acabar com seu adversário, tocou um solo de bateria em seu salão. Que roteiro incrível!

Você pode notar particularmente em suas baladas como seu tempo soa um pouco atrás da batida (reforçando a ideia do tempo lento – o tempo dentro do tempo – o tempo interior). Chegou a tempo, mas é descontraído.

Outro exemplo: Stone Temple Pilots...

Qual é a primeira pergunta para o professor?

– Quanto tempo leva para ser um bom músico?

Depende do seu compromisso. Não se estresse; faça do seu estudo um prazer. Quando você encontrar o seu próprio ritmo, vá em frente. Este plano de estudo diário é a única maneira de desenvolver uma linguagem e o *groove*. A menos que...

Você more no Brasil e haja um importante jogo de futebol da Copa do Mundo. Eu estava trabalhando furiosamente na melhor emulação possível de Mitch Mitchell em meus bongos (a música era de Jimi Hendrix – "Fire"), quando de repente a porta se abriu. Um homem grande com narinas abertas (na verdade tinha até uma fumaça saindo do nariz) e grossas sobrancelhas negras estava ali.

Sua voz soou como trovão:

– Hora de parar?

Então eu disse para o meu pai:

– Tá bom, pai, vamos ver o segundo tempo.

O Brasil venceu a Copa com a lenda do futebol Pelé e companhia.

Procure a originalidade sem negar a tradição. Max de Castro, um jovem cantor e compositor brasileiro, é a personificação perfeita deste conceito. A tradição é como a água. Vital. Como pulso. A terra firme onde você se apoia e caminha, contando suas histórias musicais.

■■■

Dinâmica

É tudo.
Ponto.
Certo?
Estudar música clássica e tocar música pop e *jingles*, tudo ao mesmo tempo, me deu a chance de encontrar o meu estilo. Eu a princípio aprendi isso da maneira mais difícil, estudando e tentando tocar todas essas dinâmicas marcadas numa partitura de percussão contemporânea. Elas são sempre muito específicas: *mezzo* piano e, em seguida, *fortíssimo* e, em seguida, *pianíssimo* (maravilhoso não é, todas as palavras italianas vieram da Renascença, quando teve origem a Ópera).

Quando, mais tarde, ao começar a tocar profissionalmente, me pediam para tocar uma canção popular sem me passarem especificações ou uma direção, eu dizia para mim mesmo: "Essa é a pegada, se ninguém fez isso, eu farei!"

E pouco a pouco isso acabou sendo uma das minhas impressões digitais – o trabalho com dinâmicas.

Então, você, leitor, talvez pense: "Olhe este cara, todo cheio de si". Nada mais longe da realidade. Eu toco só pelo meu amor à música. Eu não estou tocando para mim ou meu ego.

A música produz sentimentos estranhos. Você sente uma força interior ao alcançar um determinado nível, que sua confiança é 100%. Para os seres humanos, com todas as suas fraquezas, isso significa muito. Então às vezes as pessoas pensam "eu sou o melhor e eu vou te mostrar". Não é esse o caso.

A maneira que eu penso é mais próxima da vida. É completamente diferente. "Sou um cara de sorte que pode tocar um instrumento e fazer um show e ter um bom público (não importa se são 2 ou 200.000), por isso vou dar o meu melhor, porque eu posso fazer o que eu realmente quero fazer."

Leia e escute dentro do seu coração as palavras do mestre pintor Paul Klee falando sobre o trabalho de um artista:

Ali, parado em seu lugar..., ele não faz nada além de juntar e passar adiante o que vem a ele das profundezas. Ele não obedece nem manda – ele simplesmente transmite. Sua posição é humilde... Ele é somente um canal.

Não toque para você, toque para a música. Nossa deusa vai lhe agradecer.

...

Improvisação

Meu amigo George Mooney tem uma companhia de mudanças. E é muito bom no que faz. E tem alguns conceitos fortes a respeito do tema. Você não pode acreditar quantas coisas ele pode colocar dentro de sua velha van. "É tudo questão de planejamento, você projeta tudo antes de mover um único músculo." Qual é a relação entre o processo consciente de planejamento e a espontaneidade de uma improvisação? É enorme.

O processo de improvisação requer uma operação importante: o reconhecimento do campo. Quanto mais você sabe sobre o trabalho que tem de fazer (neste caso, quantos compassos, dinâmica, e o conhecimento da "intenção" do tema), melhor. Porque a única maneira possível de suingar é sendo capaz de improvisar com facilidade. Primeiro você estabelece a fundação. Então, tente imaginar (cante dentro de si mesmo) o tema e toque o acompanhamento. Faça isso sozinho. Assim que você sentir que você está *"grooving"* (repita três ou quatro vezes para estabelecer o ritmo) tente algumas frases que você acha que são mais adequadas para o tema. Desenvolva algumas células e repita-as. Tente evitar aquele velho (e confortável) *lick* que você usa normalmente.

Toque o tema novamente e execute as frases que desenvolveu. Agora você tem algo preparado para o momento. Quando chegar a hora, tente concentrar-se no *groove* para ter o pulso ao tocar seu solo.

Lembre-se, para John Coltrane tocar o solo do "Giant Step", ele se familiarizou com essas mudanças, estudando duro durante meses. Ele será sempre um exemplo de dedicação e determinação em seus estudos.

Um solo não tem de ser complicado para você mostrar suas habilidades, mas precisa conter uma ideia, um conceito. O objetivo não é ser técnico, mas novamente, você tem de tocar a música pela música.

Um exemplo de *finesse* (adequação ao tema) e simplicidade é o solo de Joe Morellos em "Far More Drums". Você pode percebê-lo "cantar" o tema com sua bateria.

Outra dica sobre a improvisação: esta vem do sr. Bob Moses. Eu tinha acabado de gravar o álbum *Divina Increnca* com o virtuose do piano, Felix Wagner, em São Paulo, e depois viajei para Nova York. E enquanto estive lá, tomei algumas aulas com Bob e dei a ele o álbum de presente. Ele gostou, mas uma de suas perguntas para mim foi por que eu estava sempre marcando forte em uma música que tinha um *feeling* de jazz. Eu expliquei a ele que eu estava sendo a âncora porque o nosso baixista na época precisava de mim para fazer isso. Hoje em dia estou recusando ofertas para ser a âncora. Todo mundo precisa trabalhar para ter o ritmo interior. E ponto.

Bob também disse que dar um disco (o que eu fiz a ele) não era um procedimento normal para um nova-iorquino (caras durões!), então ele me deu um de seus álbuns (nova-iorquino amigável) e me ensinou: pense em termos de dois pulsos e um acento. Não importa o que você colocar entre esses compassos, toque esse acento. Você estará dando ao ouvinte a pista para ficar ligado no seu *groove*.

...

Xícara de chá
(opções)

O corpo tem que estar em forma, pronto para responder aos impulsos do cérebro. Algumas substâncias que você pode encontrar no mercado alternativo podem retardar ou acelerar muito a conexão cérebro/corpo. E só depende de você. A alteração será muito visível para qualquer um e especialmente para aqueles que já viveram essa mesma experiência (acreditem, há milhares deles). A substância interfere na sua maneira de tocar. E sem chance: você não ganhará aquele jogo bobo entre você e você mesmo. Além disso, você está se colocando no lugar onde a música deve estar. É apenas uma questão de consciência e quantas operações um cérebro pode fazer.

E aí, não quer uma dica sobre o assunto? Ok. Um conselho: ervas. A erva a que me refiro é o chá. Um tipo de reforço que é usado desde a China imperial milenar, com diferentes cores e sabores, pode ser quente ou frio, e é permitido em qualquer lugar, além de limpar seu corpo. Diferentes culturas veneraram esta bebida. Na verdade, alguns deles, tem até uma cerimônia para consumi-los.

Sem pressa, deixe sua imaginação voar observando o desempenho da fumaça que sai da xícara. Entre nessa viagem... Aliás, esta é a bebida favorita e a receita para a longevidade de Max Roach. Deus te abençoe, mestre!

Como Mendeleev e meu amigo Oliver Sacks (porque depois de ler um livro você tem um relacionamento com o autor), eu vou fazer a minha grande nota de rodapé.

Eu estava na Europa viajando com minha namorada e tomei um avião de volta da França para Londres, onde estava morando. Naquela época, todos os meus amigos no Brasil já tinham tido problemas com a polícia. Os anos 70 foram a época da ditadura militar, de muita repressão política e social, muita luta e tortura acontecendo; se você não tivesse um documento em cima sempre, poderia terminar na cadeia. Naquela época, lembro-me de ter uma sensação quase tranquila de "corpo fechado", nada poderia acontecer comigo.

No aeroporto de Heathrow, os homens me pararam e começaram sua busca. Eu fui pego. Eu tinha uma pequena quantidade de maconha comigo.

Outra história?

Chegando no último momento para um show, dois "amigos" tiveram algumas ideias. Entre dois *sets*, me perguntaram se eu tinha alguma coisa em cima e eu disse que não. Eles ficaram agressivos porque "sabiam" que eu tinha cheirado. Eles estavam precisando muito dela. Eu ainda converso com esses caras. Mas você vê, com as drogas, nada importa, nem mesmo amizade. Bem triste. As drogas nos ensinam duras lições.

Mentes brilhantes que poderiam ter feito mais música; Charlie Parker, Jaco Pastorius, Jimmy Hendrix, Kurt Cobain, só para citar alguns.

Exemplos de vigilância: Keith Richards, Miles Davis.

■■■

Escolhas pessoais

Uma amostra aleatória de minhas células hoje:

- Meu nome é trabalho (*duco* não *ducor*, indo com o fluxo, vou na valsa);
- "Z", um apelido na América (minha tradução para o inglês);
- Miles;
- Tom Jobim;
- Ali ("Eu sou tão rápido...");
- Gustavo "Guga" Kuerten backhand (o *groove* no tênis, o *groove* na vida);
- Silvia, Danielle, Patricia (meu amor);
- *Providence* – Alain Resnais;
- *Broadway Boogie Wooggie* – Mondrian;
- *Nympheas (Water Lilies)* – Monet;
- Luis Buñuel – *Meu último suspiro*;
- Cozinhar (minha alma [oh, meu pobre estômago] de alquimista);
- Miami (Paris, por favor, espere por mim);
- Sexo;
- Amor;
- Pensar;
- Fazer um jogging;
- Escrever música;
- Escrever minhas ideias;
- "Fique atento" – Steve Gadd (entrevista na *Down Beat*);
- "Se você tem uma ideia, não toque" – Robert Fripp (King Crimson);
- "Eu só estou nessa por dinheiro" – Frank Zappa;
- New York (o instigador do cérebro);
- Bukowsky (o discurso sobre o estilo é a única coisa que realmente importa);
- Dominar qualquer coisa (o desafio);

- "Comigo não tem tempo quente" (Tradução: "Cool");
- Conceito do professor Tacla sobre como analisar um problema: "Descobrir todas as variáveis, isolar cada uma, verificar todas as possibilidades, e você terá a resposta";
- "Entre o acaso e o mistério, a imaginação, a liberdade absoluta do homem se interpõe, furtiva" – Luis Buñuel (o príncipe dos iconoclastas dando-nos alguma poesia).

...

O templo

Meu irmão negro suingueiro. Eu só percebi que ele era preto quando alguém fez um comentário a respeito. O fato não era relevante para mim. Para mim ele era, essencialmente, um prolífico contador de histórias. Nós éramos naquela época adolescentes e curtos de grana. Lembro-me de ter conseguido umas entradas para a gente ver um concerto do Mingus no Teatro Municipal. Nós tínhamos que ver o homem. Na banda, caras como George Adams, o cara que fez aquele solo maravilhoso no *Sound of Love* de Duke Ellington, emulando Harry Carney, um dos favoritos de Duke, e Don Pullen no piano (tocando com seus braços todas essas ideias maravilhosas).

Meu amor pelas segundas diminutas e quartas aumentadas – o *diavolo* (o diabo) na música na Idade Média. Naqueles tempos, no entender do Papa, apenas o som celestial perfeito das quintas deveria ser tocado na igreja. Desculpe-me, Deus, às vezes nós temos que falar sobre o mal. *Speak no Evil, Live Evil, Crossroads* são algumas das grandes obras que tratam deste assunto.

O Teatro Municipal era para mim o que o Fillmore era para os americanos, ou La Scala para os meus bons amigos italianos no "período da ópera". O Municipal era meu Fillmore (o lendário teatro de rock americano do final dos anos sessenta). Assisti a concertos fantásticos ali e expandi meu repertório de música clássica. A primeira vez que ouvi o Bolero de Ravel, queria saltar da galeria apenas para voar com a música. Foi uma realização orgânica. Um daqueles grandes momentos na vida.

1974, Miles Davis. Três concertos. Meu plano diabólico era assistir a todos os três. Ao tentar entrar sem convite (lembre-se, a gente vivia curto de grana), encontrei com uma figura famosa do esporte brasileiro, Adhemar Ferreira da Silva, que tinha levado a sua filha ao concerto. Ela entrou. Eu tive que pagar.

Valeu a pena. No palco, toneladas de equipamentos. Era o "Agharta Tour", três guitarras, uma fazendo a harmonia, outra rítmica (o cara também tocava percussão) e na terceira, o solista, canhoto como Jimmy Hendrix tocando uma Fender branca como "The Man". No final do primeiro concerto eu tentei conversar com Miles, e podia ler em seu rosto a pergunta: "O que é que esse *fucking* cara branco quer de mim?" Ha! Adorável! Al Foster na bateria. Mtume na percussão. Ele era superacessível, e ficamos conversando sobre seus instrumentos. Miles mais tarde escreveu uma melodia chamada "Mtume".

A banda tinha David Liebman, um saxofonista incrível usando a sua clássica bandana. Eu o entrevistei anos depois para o Modern Drummer Brasil, numa época em que ele estava trabalhando com Guinga, o compositor e violonista brasileiro. Havia um baixista que soava como *Sly and the Family Stone* e finalmente, *The Man With The Horn*. Tocando de costas para o público. Uma vez perguntaram a ele a razão disso, e sua explicação foi muito simples: você já viu algum maestro reger de frente para o público? Ele tinha um teclado ao seu lado. Às vezes tocava alguns acordes. Quatro aumentadas fluíam dos alto-falantes.

Eu só vi dois shows. O terceiro foi cancelado. Miles estava resolvendo seus problemas. Os seres humanos tendem a experimentar sentimentos contraditórios na busca de amor. "Estar junto." Pode ser um sentimento maravilhoso, mas também, um pesadelo... Certa vez contei a um saxofonista que vivia sozinho e me lembro de sua descrença: "Como você consegue lidar com isso?". "Claro, cara, eu tenho coisas para pensar por conta própria."

Eu tenho o meu templo aqui em Miami. É um lugar perfeito: uma casa *déco* dos anos 30 em North Miami Beach. Aqui eu posso pensar, e olhar para as estrelas. Após o horror de 11 de setembro, lembro-me de contar aviões (depois de dois dias eles já estavam voando de novo). E, enquanto eu experimentava uma sensação de alívio, dizia para mim mesmo que tudo ia voltar à normalidade.

Com relação ao meu templo, quero citar um herói americano, Henry David Thoreau, que uma vez disse que "nunca encontrou uma companhia que lhe completasse tanto como a solidão".

...

Música no meu estômago

Londres, 1975. Lendo o *Time Out* vi este anúncio: "The Konstarsky Brothers e Les percussionistes de Strasbourg tocando a música de Kharlheinz Stochausen". Eu já tinha ouvido falar sobre os Konstarsky; um duo incrível especializado em música do século XX. O conjunto de percussão Strasbourg era na época o melhor que você podia encontrar. Músicos excepcionais tocando a música de um dos melhores compositores radicais da chamada música contemporânea (questão: como você vai chamar essa música, daqui a cem anos?).

Stockhausen sempre me atraiu por sua capacidade de apresentar conceitos interessantes, não apenas na música, mas também na vida. Exemplo: "... nas cidades você teria latas de lixo sônicas, capazes de reverter os ruídos indesejáveis que normalmente dominam as paisagens urbanas, para que as pessoas pudessem lidar com um ambiente mais audível". A ecologia do som...

Peguei então o metrô e fui para o Roundhouse Theater (um pouco intrigado, pois este era um local normalmente reservado para concertos de rock).

A primeira parte do programa foi piano preparado e percussão; música muito bem executada e convencional (se é que você pode dizer isso sobre o autor). O segundo ato exigia um intervalo para preparar o palco para a ação. Quando voltei do intervalo, havia um grande pássaro (enorme, feito de tecido, cerca de cinco metros de altura) colocado no centro do palco, suspenso.

Silêncio total, os músicos subiram no palco com movimentos lentos. Vestidos como caçadores, eles começaram a estudar o pássaro. Pegaram então alguns bastões, muito lentamente, com muito cuidado, e começaram a experimentar com estes bastões longos e finos. Essas varas cortavam o ar produzindo um som sibilante. E, repentinamente, você tinha a sensação de que eles estavam sentindo o poder de possuir uma arma. A próxima cena é algo como um ritual de caçador. Um dos caçadores fustiga o pássaro com sua vara, depois o segundo o ataca e depois o terceiro, sucessivamente todos tocam o pássaro, como se estivessem em um estado de espírito extático, mais rápido e mais rápido com as varas sibilantes.

Então, repentinamente, eles param. Perceberam que tinham vencido a batalha. Um deles se aproximou do pássaro com muito cuidado e colocou a mão dentro do animal e trouxe para fora uma pequena caixa. Caminhou até o seu lugar no palco, pôs a caixa no

chão perto de um *glockenspiel*.[3] De joelhos, abriu a caixa e uma melodia elegante saiu de dentro dela. Na repetição dessa maravilhosa melodia, pegou duas varas e tocou ao longo do tema. Então o segundo fez o mesmo. Em seguida, o terceiro.
Silêncio.
A cerimônia terminou.
Fim.
Magia.
Pesquisando o capítulo sobre os xamãs, encontrei este trecho no livro *Shamanism*, de Mircea Eliade:

> O Yakut Gavril Alekseyev declara que cada xamã tem uma Mãe-Ave de rapina, um grande pássaro com um bico de ferro, as garras curvas e uma longa cauda. Este pássaro mítico mostra-se apenas duas vezes: no nascimento espiritual do xamã e em sua morte. A Mãe-Ave leva sua alma para o submundo e a deixa amadurecer no ramo de um pinheiro. Quando a alma atinge a maturidade, o pássaro a carrega de volta à Terra, corta o corpo do candidato a xamã em pedaços e distribui-os entre os maus espíritos da doença e da morte. Cada espírito devora a parte do corpo que é sua parte, o que dá ao futuro xamã poder de curar as doenças correspondentes. Depois de devorar todo o corpo, o espírito maligno se afasta. A Mãe-Ave recompõe os ossos nos seus devidos lugares e o candidato (a xamã) acorda como de um sono profundo.

Mais tarde, no mesmo livro, um trecho sobre a iniciação dos magos australianos. Ele escreve: "De acordo com Howitt, o membro da tribo Wotjobaluck acredita que um ser sobrenatural, Nagataya, consagra o homem da medicina, ao abrir o seu ventre e inserir os cristais de rocha que lhe conferem poder mágico".

---

3   Instrumento de percussão composto de um conjunto de peças metálicas sintonizadas dispostas à moda de um teclado de piano.

Vivenciar tal experiência... O silêncio intrigante, os músicos atuantes mostrando suas "descobertas". Os sons celestiais, o poder do mito e da música tocando todos os sentidos do público.

Falando com meu querido amigo brasileiro Ney Rosauro, mencionei a peça que acabei de descrever. Ele disse que não tocam mais Stockhausen na América. Aparentemente, numa entrevista, o autor afirmou que, de certa forma, o episódio de 11 de setembro foi uma obra-prima que nenhum artista poderia jamais superar, pois o 11/9 atraiu a atenção do mundo inteiro. Que pena que tal talento se colocasse no centro das atenções alimentando tal controvérsia. Posso entender que o objetivo final do artista seja alcançar o maior público possível, mas neste caso sua lógica se torna um pouco maquiavélica, onde os fins justificam os meios. De jeito nenhum. Você tem que escolher a sua causa. Você é responsável por suas palavras.

...

A carta

Miami, 17 de outubro de 2002.

Caro Sr. Sacks,

Sou músico, 47 anos, brasileiro. Estou escrevendo um livro sobre o ritmo. Em um dos capítulos estou estudando os processos que ocorrem na mente quando alguém está tocando um instrumento. Trata-se de níveis de consciência. Lendo seu livro *Tio Tungsteen* encontrei algumas ideias que são discutidas em meu estudo (o conhecimento profundo e domínio na execução de uma música e o despertar do espírito na mesma página. Ticiatti...).

Como o senhor é neurologista, tenho algumas perguntas a lhe fazer e qualquer conselho que me possa dar será de grande ajuda nos meus estudos.

• Um baterista usa pelo menos duas maneiras diferentes de pensar enquanto toca: trabalha com o reflexo condicionado (operação subcortical) e o processo consciente, que lhe dá a capacidade de tocar frases (cortical) e improvisar ao tocar a batida básica com os outros membros. Um terceiro processo ocorre quando essas duas maneiras diferentes interagem. A operação subcortical volta a estar ativa novamente. Será que temos uma região diferente do cérebro tocada quando temos essa interação?

• Existe uma situação que gera o que eu chamo de *groove*, ou seja, um baterista tornando-se *um* com uma plateia depois da batida; o mesmo sentimento alcançado após cantar mantras ou o efeito produzido por um xamã em uma tribo inteira tocando tambores. Há uma atividade motora bastante forte acontecendo. O senhor poderia elaborar algo sobre isso?

• Qual é a importância do equilíbrio (o labirinto) no processo de tocar? Qual de nossos sentidos é tocado quando temos um xamã colocando uma tribo em transe?

• O que acontece fisicamente quando "de repente" você tem uma ideia, ou uma iluminação? Ao ler... Comecei a fazer uma imagem: "uma atividade de dimensão global usando diferentes regiões do cérebro, incluindo as duas memórias. A sinalização reentrante faz a sua movimentação transportando as diferentes peças de um conceito. As peças ressoam entre si e o cérebro atinge a oscilação de 40 Hz. O sistema de compensação é ativado, produzindo dopamina que libera a comunicação entre os neurônios. O resultado é a capacidade de formular novos conceitos, forjando as ligações entre a velha memória e a nova, em contraponto às memórias anteriormente encontradas num determinado ambiente. Uma nova experiência é alcançada, o cérebro caminhou um pouco mais." O senhor vê alguma conexão entre minha pergunta e minha leitura?"

- De que forma (o "de repente") é semelhante ao orgasmo físico (Flaubert – "ereções da mente")?
- Repetindo os mantras, cantar o "OM" é uma busca para alcançar os 40 Hz que harmoniza a mente?
- Como o senhor pode descrever os diferentes níveis de escuta?

Por último, mas não menos importante, gostaria de agradecer por estes dois meses de relacionamento (a relação entre leitor e escritor); seu livro me trouxe o aroma de meus primeiros pensamentos.

Obrigado por sua atenção,
Azael Rodrigues

Caro Sr. Rodriguez,

Muito obrigado por sua carta. Suas perguntas são muito complexas e eu não poderia respondê-las de maneira concisa em uma carta. Estou então anexando o artigo Música no Cérebro *que eu escrevi há alguns anos. Minhas ideias evoluíram desde então e eu talvez colocaria agora as coisas de maneira um pouco diferente – mas eu espero, no entanto, que este artigo possa trazer algumas respostas ao seu espírito (ou, melhor ainda, novas perguntas!)*

Com os meus melhores votos,
Oliver Sacks[4]

---

4   O original da carta de Oliver Sacks encontra-se na mesma página da versão em inglês do livro (outro lado).

Looping (mantra)

Em quase todas as culturas eu encontro essa ideia. A possibilidade de atingir outro nível de consciência através da repetição. Algumas tribos na África veem os músicos como o elo entre Deus e o homem.

No samba, estabelecemos que as semicolcheias imperam. Então o que importa agora, não é tocar um monte de notas, mas tocar com cuidado. Usaremos *loops* curtos. Pense quatro semicolcheias no momento. Sinta a diferença entre tocar um grupo de dezesseis semicolcheias em seguida ou tocá-las usando este conceito diferente. A sensação de um novo começo em cada grupo ajuda, permite que você respire novamente e, em seguida, alcance uma forma mais orgânica de tocar.

Lembre-se, a música é mente e corpo trabalhando juntos; quanto menos esforço, mais você está à vontade. Herbie Hancock e Wayne Shorter têm seus mantras. Budistas, eles rezam com balanço.

UM CAPÍTULO DENTRO DO CAPÍTULO

A cultura oriental tem um senso altamente desenvolvido de mantra. Eu pude experimentar um pouco desta vasta cultura em Londres com o Mestre de Tablas Madhukar Kotare. A tabla, esse incrível conjunto de dois tambores da Índia (um em madeira, o outro em metal), tem uma circunferência preta característica no meio de sua pele de cabra que é feita de farinha de arroz e magnésio. O *bayaan* (tambor esquerdo) tem um timbre que se assemelha a um som de uma grande pedra caindo na água. Requintado.

Fui a um de seus concertos. Em certo ponto, ele me "achou" entre o público. Contato visual. E eu podia vê-lo olhando para outras pessoas também. Na aula seguinte, perguntei sobre isso e aprendi duas lições interessantes:

Primeiro – como o excelente baixista Stanley Clarke, ele conhece a importância do público e toca para ele. (Stanley tocou alguns concertos no Brasil, e no final chamou alguns baixistas para tocarem com ele; quando eles tentaram mostrar o *lick* mais rápido para o Stanley, o cara apontou a audiência, mostrando para os baixistas que eles têm que tocar para o público. Isso é o que importa!)

Em segundo lugar – a energia tem de ser trocada com algumas pessoas. O que ele me contou fez-me pensar em Mallarmé e seu "jogo de dados": ele vai com o fluxo e escolhe algumas pessoas na audiência. Pessoas que vão absorver e propagar essa energia.

Ele estava compartilhando seu momento de *groove*. Obrigado.

■■■

Histórias de Nova York

1

Depois do show de três horas com meus queridos amigos Rose, Ramah, Saul e Dr. Don, ainda suando, voltei para casa, cansado, guardei a bateria e meu estômago reclamou: "Preciso de alguma coisa". Fui a um Pollo Tropical comer algo rápido, uma cerveja, e era hora de entrar em colapso. Meia-noite e meia. Tinha que estar no aeroporto às cinco.

O som do meu despertador me diz que são três e meia. Lentamente, começo a fazer a mala e depois, um chuveiro e um táxi, totalmente sonolento.

O voo foi ok, mas eu não pude descansar. Lá vou eu pra Nova York...

O Jacob Javitz Center é um lugar enorme: um espaço importante para todos os tipos de feiras e convenções. Esta em particular, "The New York Gift Show". Minha irmã me encontra no saguão de entrada e em seguida começamos a trabalhar na curadoria das peças mais adequadas para a loja de design. Depois de horas olhando acessórios de casa e objetos de todas as partes do mundo, almoçamos no fim da tarde e, então, fomos para a casa de uma amiga.

Elas me perguntam se eu queria tirar uma soneca.

– Não, obrigado, agora não. Preciso dar uma circulada pelo bairro.

As ruas estavam me chamando. NY.

Depois de caminhar por vários minutos pelo East Village, eu entro numa livraria e vejo um cara magro que parece...

– Desculpe-me, você não é Arto? (Arto Lindsay, o músico que costumava tocar com Marisa Monte e tinha o grupo Ambitious Lovers que sempre tocam no Knitting Factory).

– Sim.

– Você vai tocar neste fim de semana?

– Não, estou apenas aproveitando o verão e preparando um novo trabalho.

– Ok, talvez da próxima vez.

– Você é brasileiro?

– Sim.

– Qual é seu nome? (Ele tem um leve sotaque nordestino ao falar português).

– Azael.

– Prazer.

Legal.

Caminhando de volta para a casa da minha amiga, passei na frente da sede dos Hell Angels. Naturalmente, tem um cara imenso bem na porta, com o equipamento e as tatuagens pretas características. E você pode ler acima da porta de entrada:
"In Memorian Vinny (qualquer coisa)".
E abaixo, o seu famoso pensamento profundo:
"Em caso de dúvida, apague os caras".
Próximo capítulo: A saga da jam interminável de domingo.

2

Domigo. Depois da minha *gig* no Gift Show, fiz o *check in* no Washington Square Hotel. Um hotel pequeno e acolhedor que fica numa praça bem arborizada.

Roy Hargrove estava fechando sua temporada no Village Vanguard. Para tocar lá, você precisa ter a bênção de Lorraine Gordon. Ela é a proprietária e não permite que qualquer um toque ali. Harry Connick Jr. pediu uma vez para fazer um show e sua resposta foi "Ele ainda não está pronto". Lá fora você pode ver a fila. Cheguei até o porteiro pra saber se ainda havia ingressos e ele disse que estava lotado, mas que eu poderia vir mais tarde para o segundo show. Legal. Vamos inventar algo até que seja a hora do show. Caminhar é o meu esporte favorito na cidade. Descendo a *Seven Avenue South*, escutei uma música ali perto. A música nesta cidade às vezes vem até você. Entrei em um daqueles predinhos característicos de NY com um apartamento no andar térreo transformado em um bar e encontrei uma banda com quatro músicos tocando *grooves* funkeados com um acento de jazz sobre a improvisação. Boa música e um *plus*: a baterista. Uma menina negra, bem forte e com um cabelo como a princesa Lea de "Star Wars". Uma delícia de ver.

Vamos voltar porque é hora de ver o cara com o trompete. A fila é enorme, mas felizmente eles têm um lugar para mim no bar, não tão perto do palco, mas bem central. A velha senhora está lá, animadíssima, controlando o movimento. A multidão excitada precisava ser acalmada. O pianista começou a tocar só, num *pianíssimo* provocador para atrair a atenção de todos. A banda entra no palco tocando um tema difícil. O líder, Roy, usa uma camisa desbotada como um hippie com dreadlocks, e o saxofone soa mais convincente do que ele. A noite estava apenas começando... (Continua)

3

Então, Sr. Roy Dreadlock, mostre-me o que você tem! Eu costumo pensar como um boxeador em uma luta. Meu senso crítico é afiado, então, para eu ficar até o final de um concerto, meu oponente tem que mostrar suas habilidades. Roy estava preocupado com a banda. Na primeira música rolou um solo maravilhoso de bateria aberta, e nas três músicas seguintes, como eu disse antes, o sax foi o destaque, e tivemos um bom solo de baixo também, sem mencionar o pianista, um cara mais velho, tocando com energia e elegância.

Cadê você, Sr. Dreadlock?

Depois daquelas músicas complicadas, ele chamou uma balada. É hora de tocar o flugelhorn. E para mim, a hora de levar um soco no nariz. "Já era hora, Roy!" Ele tocou um clássico de Frank Sinatra, "All the way".

O seu apreço pela tradição aliado a uma execução da melodia sem floreios, sem virtuosismo, mas com aquele tom, simplesmente me matou. Para fechar o *set*, um blues rápido, do Monk. "Vamos trazer os convidados especiais!" Cada um da banda fez o seu solo e, em seguida, ele convidou um saxofonista. Essa energia incrível. O público amou. Em seguida, outro saxofone, mais pro *rhythm & blues*, *funky*, demais. A plateia totalmente satisfeita. Tempo para pianistas. Um jovem pianista toma o palco e nos acende com destreza e frases rápidas. O público vai a nocaute. "Alguém poderia tocar melhor do que isso?" Sim, e um novo pianista entra no palco e foi quase como se ele pudesse ouvir o meu desafio: tocou com muita confiança e fluência, a energia foi incrível. O público ficou louco. Tempo para um terceiro pianista: será que ele conseguiria ir mais além do que todos esses músicos incríveis? (Continua)

4

Caro amigo: o que você acha? Ele conseguiu? A resposta é não. O cara é um tremendo músico (ele tinha sido convidado pelo Roy, tinha tudo para estar lá), tinha todos os *chops* e os *licks*, mas ele não tinha foco, perdeu o *momentum* e começou a se repetir.

Enquanto isso acontecia eu notei que na bateria nós tínhamos tido uma mudança, do baterista original para outro, sem parar o ritmo (o prato de condução funcionando como uma ponte entre os dois bateras). O novo baterista era realmente "novo". Parecia ter uns quinze anos e tocava a batida como (o mestre) Art Blakey. O pianista terminou o solo e os metais voltaram a fazer solos curtos. A excitação ainda estava no ar. Eles começaram o "quatro"[5] com o garoto, que dava boas respostas para as suas perguntas. O líder faz um sinal e a banda dá um break para um solo do garoto. O que ouvimos foi uma

---

5   Uma forma de solo de bateria descontínua em que 4 seções de medidas são alternadamente tocadas solo pelo baterista e pela banda com outro solista.

emulação de Tony Williams aliada a alguns de seus truques próprios. Fantástico. As pessoas aplaudiram o solo e a banda como se eles fossem um público de rock. Pedimos um bis e a banda nos deu uma versão agradável de – acredite – uma melodia do Queen (na verdade, a única que eu gosto deles), "Another one bites the dust". Pop cool.

– "Sr. Roy, eu tenho uma pergunta!"

Depois do show eu conversava com alguns dos músicos mais jovens enquanto o esperava. Ele olhou para mim e eu perguntei de forma elogiosa e provocativa: "O que você está tentando fazer? Trazer uma nova vida para o jazz?". Surpreendido, ele me pediu para repetir e eu fiz a mesma pergunta. Ele ouviu, e então eu pude notar um sorriso sutil... (A propósito, ele me disse que o baterista tinha 16 anos.)

– "Obrigado!"

Não posso ir para a cama. Vamos caminhar...

...

Sonho

Com uma terrível dor de dente, ele foi ao dentista. Não havia peixe para olhar, como em *Procurando Nemo*, então ele procurou uma revista. A dor era tão forte quanto o artigo que atingiu seus olhos. Ele o leu. Cuidadosamente, rasgou o artigo da revista e o guardou. Ele ainda tinha a dor, mas agora ele tinha também um sonho no seu bolso. Seis anos mais tarde, ele e seus amigos começaram uma enorme pesquisa para descobrir a maneira de se livrar dos obstáculos que estavam em seu caminho. A maneira de trazer o equipamento para o local, como estender o cabo, como lidar com o movimento dos edifícios, como lidar com o vento...

Com uma flecha, os caras furtivamente estenderam um cabo de pesca entre os edifícios. Depois disso, puxaram uma corda, e em seguida, um cabo e rapidamente ajustaram-no a 2.500 quilos de tensão. Poucos minutos depois das 7 da manhã, o cara da dor de dente do início da história seis anos antes estava agora andando entre os dois edifícios. Ele começou devagar, estudando o ambiente com sua vara de equilíbrio de 27 pés. Então, um sorriso. "Como é fácil."

Andando pelas nuvens, só que não havia nuvens. As pessoas lá embaixo, atônitas ao ver o que estavam vendo, suas bocas abertas em descrença, balançavam a cabeça dizendo para si mesmas: "É impossível!". O cara foi e voltou sete vezes não apenas caminhando, mas também em um pé somente e às vezes, dançando. Ele até se deitou no cabo e olhou para o céu. "Eu vi um pássaro, tinha olhos vermelhos, eu estava invadindo seu espaço e senti que ele sentiu dessa maneira."

O policial que foi designado para prender o homem na corda mostrou sensibilidade: "Eu fui até lá e percebi que estava presenciando algo que era tão único que eu simplesmente assisti". Depois de terminar sua rotina, o malabarista voltou para o ponto onde tinha começado o seu espetáculo e foi preso. Entre as muitas acusações, invasão de propriedade e falta de permissão para apresentação pública. Mas vemos então que as autoridades, nesse caso, também foram sensatas.

Ele estava humanizando aqueles edifícios estéreis. Tinha trazido a vida até eles. Colocou-os no mapa do mundo. Ao final, ele foi absolvido de todas as acusações e sua "sentença" foi prestar serviços comunitários, fazendo apresentações de acrobacia para crianças no Central Park.

O edifício: O World Trade Center
O homem: Philippe Petit.
Era possível. É possível.

■■■

E a festa continua

Então, meu amigo, nós percorremos juntos este caminho, espero que de maneira prazerosa, conversando sobre como manter nossos sentidos em alerta, a antena ligada. Como um felino que se prepara para pegar a presa. Focado.

Mas não seja implacável consigo mesmo. Toque as peças difíceis devagar. Você tem de processar a informação. Analise, entenda, toque, interprete, entre no *groove* e depois esqueça, deixe a música tomar conta de você. Se você sentir um conceito se transformando em um solo incrível quando você tocar, melhor para nós.

Escute a música com todo o seu corpo, não somente com os ouvidos, ou com o "processador" (cérebro), ou com o coração, ou mesmo com o estômago. Vá fundo. Desenterre segredos. Confira cada grande músico que você vê pela frente.

Lembro-me de ter visto Danny Richmond (do Charles Mingus Band) tocando uma noite no Municipal em São Paulo e de ter sentido aquele *groove* nos meus braços no meu ensaio seguinte. Não copie, vá mais longe.

Se você me permitir, eu acredito que não há fronteiras entre o que fazemos e o que somos. A vida pode ser a sua melhor composição.

A música abriga a vida em sua estrutura. Sempre mudando e, se você quiser, crescendo, constantemente.

Uma obra em evolução.

Tudo está dentro de você, incluindo, o infinito.

Acredite.

...

Wunderbar: os caras tocando

Toda a música apresentada aqui caminha comigo durante todos esses anos, sempre ensinando, sempre divertindo. Alguns desses caras têm talento natural, alguns deles lutaram muito para chegar lá, todos eles merecem a nossa atenção; é música wunderbar.

Lenine: "Caribantu" – *Falange Canibal* (2002)
O Brasil de hoje, o Brasil de sempre. O som da bateria brasileira. Alegria para os ouvidos, todas as cores de peles. Maracatu. O som profundo dos contrabaixos contrastando com o pulso dos instrumentos de agudos (caixa, chocalho, ganza e agogô). A frase do baixo gerando movimento, quase guiando, quando acentua a segunda semicolcheia.

Lenine aqui lida com informação, ele não quer trazer redundância, então cria com a percussão.

O coro feminino me leva diretamente para o Nordeste e aquelas festas com todo mundo dançando nas ruas, tocando um instrumento e celebrando juntos.

Ouça também "O silêncio das estrelas". Música e poesia em um relacionamento simbiótico. "Ser um homem à procura de mais", para todos em busca… "A porta pro infinito irreal", as cordas deslizando… o pássaro planando… *groove*.

Herbie Hancock – *Future 2 future* (2002)
O típico suingue do "estranho De Johnette". Acho que isso acontece depois de usar o ajuste alto no bumbo e o chimbal sempre não firmemente fechado. O uso musical do *scratch*. É maravilhoso porque

o toca-discos pode ser um instrumento poderoso em boas mãos. É uma questão de ter um *DJ* que tenha habilidade musical para colocar seu som "dentro" da música. O uso de um narrador para chamar sua atenção para a música. O cara é um pensador habilidoso. Tranquilo.

O som do Rhodes. O som do *wah wah*. A linha do baixo. O uso da voz (uma informação diferente para a música instrumental padrão) dizendo em que direção você tem que ir com a sua escuta. E o timbre inesperado, o *scratch* fazendo não apenas efeitos, mas frases musicais. A interação dos contextos levando sua atenção para o que está por acontecer.

Eminem: "Cleanin' Out My Closet" – *The Eminem Show* (2002)
Álbum campeão de vendas (5 milhões de cópias) do homem da controvérsia. Ele tem um bocão e se expõe do jeito que o público gosta. O mesmo público que critica alguém que é apenas um pouco desequilibrado como Kurt Cobain. Ele cutuca quando diz que vende mais porque é branco. Ele está certo.

É incrível como o *rap* é rítmico. As palavras constroem um ritmo em cima da seção rítmica. Nesta melodia, a bateria usa um padrão interessante com o chimbal nos contratempos. E você tem o uso das cordas. Muitos palavrões. É música de rua.

A música começa como uma trilha sonora dando-nos o som maravilhoso de sapatos (sociais) no chão (eu sempre amei a cor deste som).

Ouça o uso inteligente do *scratch* (semicolcheias) para se preparar para a próxima parte em "Business". Sinta o poder que vem de "Till I collapsed".

Em "My dad's gone crazy" as cordas em *pizzicato* tocando uma figura *ostinato* e, depois do segundo verso, você tem, acredite, a harmonia. Não há caixas, e sim um bumbo tocado junto a um prato abafado compondo o *beat*. Dr. Dre é o homem por trás da produção.

John Scofield: "Ideofunk" – *Uberjam* (2002)
Alegria. A festa rolando. Uma sensibilidade com jeito de Nova Orleans. O incrível som do órgão B-3 Hammond do sr. Medeski. Todas as minhas namoradas odeiam esse cara. Acho que ele parece muito estranho.
    A ideia da bateria que "desaparece" no final do último A do tema.
Wunderbar.
    Tenho de concordar com o sr. Scofield, Miles adoraria.

Gonzalo Rubalcaba: "El Manicero" – *Supernova* (2001)
Será que eu estou lendo uma citação de *A Sagração da Primavera*? Gostaria de poder falar com ele... Isso poderia confirmar a "teoria" do primeiro capítulo. A semelhança neste caso é melódica (o uso de uma quarta descendente e uma terceira descendente menor e a riqueza da divisão).
    Que pianista maravilhoso! Sempre gostei dele.
    Primeiro foi Bill Evans. E então Chick Corea.
    Keith Jarrett costumava ser unanimidade: Keith e seus álbuns solo. E então Hancock transcendeu tudo, e hoje em dia ele toca conceitos.
    Gonzalo para mim é o cara pra se ouvir agora. O sabor cubano.
    Essas frases chamativas, seu ritmo. O gosto pela segunda menor (escola Monk).
    Assim como McCoy Tyner, ele pode extrair um som forte de seu piano, e faz isso com autoridade. Mas você também pode ouvir diferentes influências, como Keith Jarrett e Bill Evans e Monk...
    Ouça também as congas. Eu amo a música cubana e o som das congas.
    Joãozinho Parahyba é um brasileiro com um estilo pessoal neste instrumento.
    Dizzy Gillespie também era bom. Foi introduzido aos seus mistérios pelo legendário "Chano Pozo". Depois de tocar trompete no Festival de Jazz de São Paulo/Montreux, ele começou a tocar

as congas, fazendo o seu *groove*, o público hipnotizado. Começou a tocar mais suave e mais suave e então a banda parou. Era só ele. Todo o teatro está com os olhos no irmão de *Bird*.

De repente, o silêncio era tal que não se ouvia mais nada. Mas você podia sentir. E então... Ele começou a tocar no ar! Nenhum som, mas você podia ouvi-lo. Magia!

Eu não posso resistir, tenho que contar uma piada que mostra como os cubanos são musicais. Quem me contou foi meu parceiro e amigo maestro Nelson Ayres. Fidel estava preocupado com a produção de cana-de-açúcar e decidiu parar com as festas nos finais de semana para que as pessoas fossem mais produtivas na segundas-feira. Assim, no discurso interminável seguinte ele veio com essa:

– ¡A partir de ahora, es prohibido bailar el mambo!

Waaaaa! O povo, espantado no primeiro momento, respondeu ao líder depois de alguns segundos:

– ¡Es prohibido bailar el mambo. Viva Fidel!

– ¡Es prohibido bailar el mambo. Viva Fidel!

E no terceiro eles começaram a dançar e a cantar o montuno: – ¡Es prohibido bailar el mambo...

Ninguém pode parar o *groove*!

Foo Fighters: *Brain Damage* (2001)
Rock it. Dave Ghrol cantando, tocando guitarra e compondo após a densa experiência do Nirvana. Eles foram ao Brasil para tocar no Rock in Rio e a noite foi deles. Dois *sets* de bateria no palco. O uso das semicolcheias na caixa (mãos alternadas com vigor e diversão).

René Marie (com a participação de Jeff Tain Watts) – *Vertigo* (2001)
Você pode ouvir Elvin no jeito do Jeff tocar, solto atrás da batida. Nessas trocas entre ele e o René você pode sentir que ele é o próximo passo na tradição.

Lennie Kravitz: "Fly away" - *Five* **(1998)**
Ouvi essa melodia na TV no Brasil, um comercial de carros . O *riff* de guitarra me pegou na hora. A magia dos *riffs* de guitarra (há uma tradição neste assunto). Você tem o trabalho do baixo (com *wah* e efeitos) e bateria e voz até o próximo *riff* novamente. É *rock and roll*. *Rock and roll* negro. E a garota baterista, que poder em seus ataques aos pratos! *Baaaannnng...* Notas de semicolcheia no chimbal! Essa é a minha praia.

Max de Castro: "Samba Raro" - *Onda Diferente* **(1999)**
A combinação perfeita entre novidade e tradição. O novo samba (com um conceito de som de *drum & bass*) que dá passagem ao *groove* mais linear no final da melodia. O conceito de usar o *groove* com diferentes tonalidades de cores sonoras.

O resultado é que você tem várias baterias na mesma música trazendo sempre novidade para a composição. O cara é radical em suas escolhas. Ele é a tradição e a novidade. Filho de nossa primeira estrela pop negra (Wilson Simonal) nos anos sessenta, ele ouviu um monte de jazz e *swing* brasileiro em casa. O resultado é seu trabalho único.

Lenine: "Jacksoul Brasileiro" - *Na Pressão* **(1999)**
"Eita bichinho porreta!" Do Recife, nosso mais recente alquimista, que conversa fluentemente com o mundo todo enquanto evoca sua terra. A guitarra *grooving*.

Você pode sentir a mão direita poderosa nas cordas tocando a harmonia de um dos nossos melhores compositores genuínos, Jackson do Pandeiro. Lenine traz na sua maneira de cantar a alma dos cantadores do Nordeste do Brasil, os cantores de rua, cujas únicas armas são a guitarra e a voz.

Lulu Santos: "Aviso aos navegantes" – *Anticiclone Tropical* (1996)
Ele é o criador de sucessos. Toda a atmosfera, o sitar/guitarra som. Ele faz todo mundo cantar sua música. É isso aí. *Groove*.

Nirvana: "In the Bloom" – *Never Mind* (1991)
A perfeição em quatro compassos, a síntese do grunge. Depois da abertura com dinâmica alta, eles tocam suavemente apenas baixo, bateria e voz. Eles usam a dinâmica como uma arma, chamando a atenção de todos (incluindo os *headbangers*) tocando o mais silenciosamente possível. Preparando o campo para o próximo furacão. Inteligente.

Quincy Jones: "Killer Joe" – *Q's Jook Joint* (1995)
"O cara." Ele é uma lenda viva. Aqueles arranjos para o Sinatra são incríveis, totalmente contemporâneos. Ele produziu e fez os arranjos de *Thriller* do Michael Jakcson.

Ao fazer a música para o Concerto Beneficente "We are the World" para o Haiti, ele disse ao seu elenco de estrelas: "Deixem o ego lá fora, temos um trabalho a fazer aqui".

O jeito que ele conduz é incrível, balançando todo o seu corpo. Dançando. Não há autoridade, e sim, cumplicidade. E então você tem o resultado: a melhor música possível.

Ele foi o responsável pela única retrospectiva na carreira de Miles (sempre olhando para a frente), conduzindo as *charts* de arranjos de Gil Evans para o "Birth of the Cool" de Miles. Eu acho que Miles sentiu o fim perto e concordou em tocar sua dança do cisne. Vida e trabalho podem ser os mesmos. Há tantas faixas agradáveis aqui, mas eu gostaria de citar duas delas:

"Killer Joe". O *shuffle*. O *groove* que é feito após as notas pontuadas e o bumbo tocado em cada batida por John Robinson, com muito bom gosto. Apenas algumas frases, mas a repetição do padrão, e você pode sentir o personagem andando, esgueirando-se no Q's Jook Joint. Vou fazer um paralelo com "Pictures at an Exhibition", de Mussorgsky, onde um cara anda dentro de uma galeria, entre os quadros, as obras de arte. Como dois homens podem caminhar de maneira tão diferente!

"At the end of the day" (*Grace*). Uma pérola. Como uma suíte, o seu desenvolvimento traz a música dos brilhantes músicos envolvidos e da escrita esclarecida do mágico Quincy Jones. Bônus? Você ganhou: a voz de Mr. Voice, Barry White e a harmônica de Toots Thielemans.

Como pode um homem soar tão doce e gentil como Toots? Porque ele é assim. Acredite, eu conheço o cara.

Por último, mas não menos importante. Vocês, americanos, perderam uma chance quando não votaram em Dizzy. Então é hora de reparar o erro. Quincy para presidente!

P.S.: Esse é um costume meu. Lembro-me de uma vez, na década de 70, quando o jornal brasileiro *O Pasquim* entrevistou o Premeditando o Breque, uma banda de que eu fazia parte nessa época. Durante a entrevista, sentei-me no canto de uma grande mesa no Baixo Leblon (no Rio de Janeiro), e fiquei conversando o tempo todo com o Angeli, um cartunista brasileiro que criou alguns dos personagens mais memoráveis de nossos quadrinhos. A minha única contribuição durante essa entrevista foi a ideia de que Tom Jobim poderia ser um grande presidente do Brasil, e todos concordaram.

Ele poderia ter sido um presidente maravilhoso. Seu conhecimento do Brasil era incrível. Honrando seu nome (ele tem Brasileiro no seu nome), Jobim tinha um profundo conhecimento da flora e fauna brasileira, nossa geografia, e tinha muito respeito pelos habitantes originais de nossa terra, os índios. Apenas dois exemplos:

Ele fez todo mundo se conscientizar da importância de um pássaro que não é conhecido por sua beleza, ao intitular seu álbum de "Urubu". O pássaro é um purificador de terras.

E quando a usina atômica de Angra dos Reis começou a desmoronar, disse: "Se você prestar atenção ao nome Tupi Guarani de

Angra, entenderia que não era o lugar ideal para uma construção de tão grande porte". O nome dado pelos Índios para essa região era, precisamente, "terra macia" (areia).

Michel Camilo (com a participação de Dave Weckl): "Just kiddin'" – *Why not* (1992)
Um tema feliz, veículo para este talentoso pianista nascido em Cuba e para seus companheiros de banda (Anthony Jackson e Dave Weckl fazem a seção rítmica). O sabor latino e a figura no baixo que nunca toca o *downbeat* (para os cubanos há uma lei: nunca toque o "um").

Jorge Benjor: "Engenho de Dentro" – *23* (1993)
Esta melodia alcançou o primeiro lugar nas paradas no Brasil. Após a gravação, notei que eu estava usando uma abertura no *hi hat* na quarta batida que deu um tipo subliminar de *groove*. A repetição.

Eu amei fazer o arranjo de metais (me sinto orgulhoso da frase ascendente).

Ouça a percussão (tamborins, congas etc.), todos criados (e alguns tocados) pelo Sr. Benjor, o *groovemaster*.

Ivan Lins: "Meu país" – *Awa Yiô* (1993)
A suprema escolha dos acordes. Não é por nada que George Benson, Quincy Jones, Toots Thielemans, Ella Fitzgerald, Elis Regina (e vários outros artistas) gravaram suas canções. Aqui, ele fala sobre seu país.

Tão talentoso, Ivan sofreu uma acusação ideológica porque um segmento da *intelligensia* do Brasil declarou que estava colaborando com o governo militar. Ele continuou a fazer seu trabalho. E alcançou o reconhecimento mundial. Nesta canção, descreve a beleza do nosso país, o Brasil. Essa melodia, esses acordes... Se eu fosse o arranjador desta melodia perfeita eu acrescentaria um belo e longo eco na caixa no final do tema (o único hit na quarta batida).

Permitam-me: acredito que seu país é a sua crença. Você o leva onde quer que você vá. Quando um amigo me perguntou se eu tinha me tornado americano, minha resposta foi: "Mais brasileiro do que nunca!". E eu gostaria de acrescentar: "com um sentimento americano também". Sem preconceitos, apenas mais ideias. O que importa são suas crenças.

"I have a dream" (Martin Luther King) & "All you need is love" (Lennon/McCartney).

Madonna: "Vogue" – *I am Breathless* (1990)
O balanço dos clubes. Música da moda. A nova cena de dança na época. Você tem uma caixa tocada na quarta batida do quarto grupo de semicolcheias que se tornou a característica mais forte (a sensação de adiantar o pulso) nesta batida. Dançável.

Eliane Elias: "A long story" – *A long story* (1991)
A talentosa menina brasileira com seu piano. Eu estava em Nova York quando ela chegou lá. Nós nos encontramos no Sweet Basil ouvindo uma banda que tinha Rufus Read no baixo; ela estava louca por uma *jam session*. Da outra vez que fui à Big Apple, fui ver Steps Ahead, uma banda com Michael e Randy Brecker, Mike Manieri, Peter Erskine e, adivinhe quem era a convidada especial? A deslumbrante pianista brasileira, Eliane Elias.

Chaka Khan: "I am every Woman" (Whitney Houston version) (1992)
A rainha de sacarina é uma das minhas favoritas (proibido para diabéticos, o repertório é melado!) e ela sempre foi uma sensação dos tabloides de supermercado. É o chamado hit instantâneo. Esse bumbo em todos os quatro batimentos (um procedimento clássico de *disco*) simplesmente me mata. É uma força motriz. A seção de cordas tocando essas frases rápidas de semicolcheias, as oitavas no piano, a guitarra tocando uma figura de colcheias e tercinas, tudo faz parte da linguagem *disco*.

A caixa que antecipa a quarta batida é uma informação nova no formato clássico. Tornou-se uma das características mais fortes da onda seguinte da música de dança eletrônica que fez de Madonna um ícone. A música evolui e culmina em uma modulação que vai para cima e para baixo para terminar a música com chave de ouro.

Na mesma compilação você tem uma melodia com uma participação especial de um dos *heavies* em termos de guitarra. Tente adivinhar de quem estou falando...

A música começa com um violino que evoca Chaplin, se você entende o que quero dizer. Alguns críticos não gostam do uso de cordas no jazz. Eles dizem: "Você não pode usar cordas para não contaminar a pureza e blá blá blá..." (basta ouvir a belíssima "Laura" com o mestre de saxofone Charlie Parker e você vai entender o que estou dizendo).

Minha crença é: você *pode* fazer qualquer coisa. Basicamente, a regra é: tradição sem nenhum regulamento. Mas existem métodos para se alcançar a forma que você imaginou e escutou dentro de você.

Como eu estava dizendo, a música evolui para uma atmosfera de jazz suave com a grande dama usando a sua voz com aquele alcance privilegiado de um jeito incrível. Então o tempo é dobrado e o cara da guitarra toca seu solo enquanto canta em uníssono as notas que ele está fraseando. Fácil, não é? George Benson. A sua marca registrada. Então depois do solo, uma referência a um trompete nas letras e Chaka nos envolve com aquele timbre que parece que veio do céu. E no final tudo é o mesmo que o começo, com o violino fazendo a declaração final.

Titãs: "Todo Mundo Quer Amor" – *Jesus Não Tem Dentes no País dos Banguelas* **(1987)**
O poeta radical Arnaldo Antunes fez sua declaração furiosa sobre o amor. Ouça o sonzão da bateria eletrônica.

Chick Corea (com a participação de Steve Gadd): "The Mad Hatter" (1987)
Verifique no compasso (...) do solo de piano. Há uma respiração na máquina de balanço de Gadd, como tocar sem tocar. Menos é mais.

Paquito D'Rivera (com a participação de Dave Weckl): "Gdansk" – *Why Not* (1984)
Entenda a concepção de *"montuno"* sempre usado na música latina. Uma frase que é repetida enquanto você tem o solo de bateria. Dave respondendo a frase melódica com muita expressão. Musical. Brutal.

James Brown: "I Got You (I Feel Good)" (1965)
Ouça a frase na seção dos metais com meios tons. Curta o baixo e a bateria. O ritmo rápido e os freios (apenas bateria – balanço limpo, e depois a frase do baixo – peso). Ouça o *groove* do Godfather.

Police: "Message In a Bottle" – *Regatta de Blanc* (1979)
O trabalho do chimbal (todos esses acentos) do cara que fez "Rumble Fish" (a trilha sonora do filme de Coppola), Stewart Copeland (confira!). Inicialmente me liguei no Police por causa desta nova maneira de tocar o chimbal.

Police: "The bed's too big without you" – *Regatta de Blanc* (1979)
O *reggae* econômico. Um *groove* (mantra jamaicano) na bateria, uma linha de baixo bonito, guitarras no espaço e uma bela voz. Síntese.

Stevie Wonder: "Do I Do" – *Stevie Wonder's Original Musiquarium* (1982)
Ele é o *master blaster*. Você pode ouvir o solo do trompete "cansado" do Dizzy (sem problema) e as frases longas no tema, característica de Steve. Você vê isso em "Sir Duke", Ma Cherie Amour

(com violinos), entre outros. Seu *groove* no clarinete é imbatível, assim como o seu estilo no chimbal.

Elis Regina – *Live at Montreux* (1982)
All star gig com os mestres Luizão Maia (baixo) Hélio Delmiro (guitarra – e aquela técnica de dedo que faz o som ficar mais suave), Paulinho Braga (bateria) e Elis com Hermeto *jamming* no final. Cinco Estrelas.

Toninho Horta: "Prato Feito" – *Toninho Horta* (1980)
O *groove*. O guitarrista e compositor Toninho Horta recrutou Pat Metheny para tocar um solo com esta banda sensacional. Balanço surpreendente do Sr. Robertinho Silva na bateria.

Milton Nascimento (com a participação de Toninho Horta): "Beijo Partido" – *Minas* (1980)
Um clássico. Milton Nascimento cantando em sua fase mais produtiva e com o equipamento de voz funcionando melhor do que nunca. Ele era "o cara" na época. Os melhores músicos brasileiros estiveram presentes na gravação. Preste atenção no solo maravilhoso do sax tenor de Nivaldo Ornellas e as aberturas do chimbal (a forma é *disco*, mas o *groove* é samba) de Paulinho Braga.

Djavan (com a participação de Stevie Wonder): "Samurai" – *Luz* (1982)
Festa. O que você poderia esperar de uma reunião como esta? Djavan trabalhando sua canção com seu ídolo Stevie. Djavan tem um dos mais requintados sentidos de ritmo em nossa música. Ele está sempre pensando de forma diferente, dando-nos novos padrões e ideias rítmicas. O que podemos dizer sobre sua balada "Oceano"?

Ele está sempre pondo um novo tempero na batida. Uma vez eu o vi falando sobre seu passado, disse que sua mãe sempre costumava cantar para ele. E então mostrou o que ela cantava.

Voilà! Agora eu sei por que ele tem um conceito tão autêntico. Vem do berço.

Marvin Gaye: "Sexual Healing" – *Midnight Love* (1982)
O príncipe da lendária marca Motown. Sua última obra-prima de estúdio. Preste atenção na divisão e no tom de sua voz. Ele tocava quase todos os instrumentos nesta faixa. Confira também "What's goin' on".

Jaco Pastorius (com a participação de Jack de Johnette): "Liberty City" – *Word of Mouth* (1981)
O bumbo de pressão em 2 e 4. Que arranjo para a seção de metais! Preste atenção nas linhas da tuba! O solo do Sr. Hancock... É o sabor da Flórida desvendado por um cara da terra, do pedaço, um cara local... E eu, que posso dizer sobre o Sr. Pastorius? Um dos meus heróis. Ele foi para o baixo o que Jimmy Hendrix foi para a guitarra e o que Charlie Parker foi para o saxofone.

A alegria que emana desta música é encantadora. Às vezes eu penso sobre o poder da música no seu humor. É enorme se você estiver aberto para ele. Jaco escreveu uma peça para o Weather Report que é a bíblia para os baixistas (não é não Marcus Miller, Arturzinho Maia?), *Teen Town*.

O que você pode dizer sobre o som do baixo em "Cannonbal", aqueles *glides*, o som redondo! Eu os vi ao vivo no Festival de Jazz do Rio de Janeiro, reproduzindo o material do álbum *Weather Report* com a obra-prima "Three views of a secret".

Verifique o trabalho de mixagem de "Teen town" e "Punk Jazz" (aqueles sons de bateria enormes que parecem saltar para fora dos alto-falantes). Fui a dois concertos diferentes. Um onde eles eram parte do *line up* e o outro na noite de encerramento onde eles foram a principal atração. Neste último eu pude sentir o trabalho profissional do engenheiro de som. Ele conseguiu equilibrar o eco terrível do ginásio. Eu tocaria naquele mesmo local anos mais tarde para a TV Globo com o maestro Cesar Camargo Mariano, ajustando uma curva negativa no sistema de som, para poder aniquilar o atraso mencionado acima. O som na segunda noite foi simplesmente perfeito, uma apresentação incrível.

Jaco e Peter Erskine. O *cooking juggernaut*. E Robert Thomas. E Dr. Wayne e Dr. Zawinul. Os cirurgiões com sua capacidade de abrir nossas mentes. Quando eu li o título "Punk Jazz" imediatamente senti que o cara tinha algo a dizer. Não apenas sobre música. Mas sobre a vida.

Ele era um guerreiro tentando vencer todas as batalhas. Ele perdeu o jogo para sua mente. Na verdade ele ganhou. Porque ele projetou sua morte. Não tente isso em casa.

Hermeto Pascoal: "Suíte Norte, Sul, Leste, Oeste" – *Zabumbê-bum-á* (1979)
O Brasil na intimidade. Está tudo lá. Ele é música.

Ele pode tocar qualquer coisa. De um Bossendorfer a uma frigideira. Ele respira música. Na terceira parte da "Suite Nene", ele interpreta o xaxado usando uma maneira tipicamente brasileira de tocar bateria. Braços juntos tocando contra os pés juntos.

Elis Regina: "Eu hein Rosa" – *Elis, essa mulher* (1979)
A mão esquerda do pianista Cesar Camargo Mariano. Preste atenção no arranjo, com suas paradas e retomadas, deixando espaço para a percussão. A voz com balanço. Comecei a me concentrar no modo de tocar samba com esse disco. Primeiro as figuras de duas notas no bumbo e as semicolcheias no chimbal. A caixa com o rim *shot*. E depois de alguns anos tive o prazer de tocar com Cesar e Luizão.

Joni Mitchell (com a participação de Charles Mingus): "The Dry Cleaner from Des Moines" – *Mingus* (1979)
A talentosa cantora canadense que compôs "Woodstock" deu-nos esta joia, um álbum que é uma homenagem ao gênio Mingus com... quem no baixo? Jaco. Rápido, furioso em sua criatividade ele es-

creveu esta frase incrível em semicolcheias em cima de um *feeling* de tercinas. Isto não é para amadores. E temos o saxofone soprano do Dr. Wayne Shorter.

Egberto Gismonti: "Nó Caipira" (1978)
Brasil novamente. Essas notas rápidas na melodia, o som zabumba. Se Hermeto faz uma pergunta, Egberto é o cara pra dar a resposta. Hermeto é o sol? Ok. Egberto é a lua! Gênios de nossa raça "Brasileiros".

Wayne Shorter: "Miracle of the Fishes" – *Native Dancer* (1978)
Com Milton Nascimento e uma banda americana/brasileira. Verifique o solo de Wayne que começa em tenor e termina em soprano. O *crossover* novamente.

Paulo Moura: "Confusão Urbana, Suburbana e Rural" – *Notícia* (1976)
Se você quiser penetrar na música brasileira, aqui está ela. Mergulhe nela. É a música feita de nosso povo. As pessoas simples. Um esforço coletivo. Liderado pelo mestre do soprano Paulo Moura. Nos arranjos temos Wagner Tiso (um músico brilhante), que trabalhou vários anos com ele. Ouça também "Amor proibido".

Elis Regina: "Brigas Nunca Mais" – *Elis e Tom* (1974)
Só o fato de que eles estavam juntos em um cd é razão suficiente para você ouvir. Mas há mais. Aqui os rapazes da cozinha (assim chamamos a junção de baixo e bateria no Brasil) removeram a batida básica de surdo para que você tenha apenas a síncope no início do tema. Engenhoso e soa perfeito!

Djavan: "Serrado" – *Djavan* (1979)
Puro. E inovador. Os primeiros trabalhos. Ele estava introduzindo naquela época uma nova maneira de tocar samba.

Led Zeppelin: "Baby I'm Gonna Leave You" – *Led Zeppelin* (1969)
O som pesado do rei dos *Heavies*. Bonzo mandando nos blues. O tempo, essa respiração. Seu bumbo mágico fazendo essas tercinas em "Whole lot a love" ainda acaba comigo.

Gilberto Gil: "Expresso 2222" – *Expresso 2222* (1972)
O violão. Fera. Esse cara inventou uma nova forma de *swing* no violão. Eu nunca li sobre isso, então é hora de deixar as coisas claras. Esse é o violão mais inovador desde João Gilberto. Ele estava tocando para a música. Não como um músico tentando tocar uma escala. Ele estava curtindo sua música. Ele está fazendo a festa. Você pode ver isso em "Oriente" e em "O sonho acabou" também. Impressão digital no violão.

King Crimson: "Ladies of the Road" – *Islands* (1971)
Robert Fripp. O solo com algumas notas sempre ascendentes, absolutamente expressivo, se você me entende. O chimbal somente no contra dando um espaço para cada tambor soar separadamente.

Rolling Stones: "Sway" – *Sticky Fingers* (1971)
Esse solo de guitarra. Essa capa maravilhosa feita por Andy Warhol (o mago da repetição) com um zíper para você abrir. Essa língua (Andy novamente) tornou-se a marca registrada dos *Bad Boys*. Você pode ler o aviso no papel de embrulho do vinil: "Este álbum tem que ser ouvido alto". É isso aí.
   Ouça também (no álbum *Let it Bleed*) o imbatível hit: "Gimme Shelter" com os vocais femininos.

Joe Cocker: "Mad Dogs and Englishmen" (1970)
Os caras estavam se divertindo! A incrível generosidade desse inglês que, simplesmente, faz uma excursão de dois meses nos Estados Unidos levando consigo quase cinquenta músicos companheiros seus!

Saque os dois sons de bateria (um conceito também usado por Mike Manieri nos álbuns de Carry Simon). Leon Russell, o Chapeleiro Maluco. Bobby Keys (antigo sax dos Stones) no saxofone. Um clássico. E, claro, o inglês branco respondendo à pergunta negra americana, Ray Charles. Joe Cocker. Todos viajando em um avião da Constellation. Uma festa de 24 horas. Um monte de montes, incluindo demais! Você pode sentir a emulação do deus negro "Ray" no uso da seção de metais e as meninas nos vocais (à *la* Gospel).

Jimi Hendrix: "Crosstown Traffic" – *Electric Ladyland* **(1968)**
O pop de sempre. A intro dá a sensação de que está entrando na sala com o uso do *fade in* e o efeito estéreo "espacial". O tema cativante. O *groove* e o fraseado de Mitch Mitchell no final de todas essas variações são realmente sensacionais.

Numa época em que o conceito era "o adolescente *hippie* ingênuo", ele surgiu com a realidade. A coisa selvagem. Suas apresentações eram cheias de música e também um convite ao instinto básico. Sexo. Ele "era" a coisa selvagem. Escute seus vocais. Lascivos. Paradoxalmente, ele era tão tímido que no início de sua carreira costumava ter telas entre ele e a sala de gravação, só para não encarar o engenheiro enquanto cantava. Escute também os vocais *cool* em "The wind cries Mary".

Em "Exp" ele criou uma correspondência entre efeitos espaciais especiais (ele estava falando sobre discos voadores) e jazz, anos antes de Miles começar a tocar um material mais orientado para o rock (Bitches Brew e etc). Na verdade, você pode conferir um *lick* de Hendrix tocado por Miles no álbum *Jack Johnson*.

Em "Axis Bold as Love" (na trilha do título) você tem o pequeno mago Mitchell explorando os *paradiddles* em torno do conjunto de tambor com esse som lisérgico na bateria.

Tocando o hino nacional americano com a sua poderosa Stratocaster branca, ele conseguiu fazer o discurso mais eloquente contra o horror da guerra. Além disso, a sua ideia de usar a mesa de mixagem como ferramenta para a criação de camadas musicais foi um conceito pioneiro.

Você também pode conferir sua música em uma versão muito interessante (na verdade Dana Carvey apenas finge cantar) de "Foxy Lady" na comédia *Quanto mais idiota melhor*.

Miles Davis: "Nefertiti" (1968)
O trabalho de Tony Williams (Herbie Hancock o chama de "visionário" em seu álbum *Future to future*, e quem sou eu para discutir?). Esses acentos fortes que se tornaram sua marca característica (ele começou a tocar com Miles com dezessete anos). Atenção na seção de metais: eles tocam os ataques não ao mesmo tempo (contra todas as probabilidades de um mandamento da seção de metais). Sacrilégio. A responsabilidade do...

Astor Piazolla: "Fugue 9" (1978)
A elegância clássica na escrita, a paixão interior (o *latin blood* que fala).

Ray Charles: "What I say" (1957)
Acabei de comprá-lo em uma loja de posto de gasolina por um preço ridículo. O que eu posso dizer? Este é um dos tesouros da cultura negra... A grande introdução com o som do piano Wurlitzer. Às vezes nas convenções o baterista atrasa um pouco, mas mantém-se com confiança nas sequências. (O chamado *scapocchia*, que significa "desleixo" em um bairro de São Paulo). Um grande exemplo de que a atmosfera é muito mais importante do que uma nota. Então você tem a voz do homem. E um *brake* e garotas implorando por mais. Ele tem mais para dar usando o coro feminino – marca registrada que ele trouxe da igreja. Inacreditável. Vamos balançar!

Tive o privilégio de fazer uma entrevista exclusiva com esta lenda da música para uma revista de teclado. Eu tive que ouvir a sua voz repetidamente para transcrever. Sorte minha! (1) Eu também fiz uma exclusiva com o ícone dos blues, B.B. King. Sorte minha! (2) Meu herói, Tony Williams, foi o tema de um artigo que escrevi para a Folha de S.Paulo. Durante um workshop que ele deu em um Festival de Jazz em São Paulo, ele mostrava o seu famoso rulo usando o surdo e o bumbo, quando um amigo meu perguntou: "Você pode nos mostrar mais devagar?" Ele disse: "Sim". E ele tocou na mesma velocidade! (*Bad guy*!) Sorte minha! (3)

Thelonious Monk: "Evidence" (1945)
O conceito geral do tema. O uso inteligente de meios tons de síncope e pausas.

Maurice Ravel: "Boléro" (1928)
Um estudo sobre a dinâmica (fundamental quando se pensa no ritmo), o sentido da repetição, o tema sempre lá, sempre diferente.

Béla Bártok: "Concerto for two Pianos and Percussion" (1938)
Como um *thriller* forte. Bernard Hermann (o favorito de Hitchcock) estudou "nesta" escola de música. Sensações. O uso dos temas folclóricos tradicionais para criar o novo. O mesmo conceito usado por Heitor Villa Lobos, nosso compositor mais conhecido neste campo.

Paul Simon: "Graceland" (1986)
Steve Gadd e os meninos do Brasil (Olodum incluído). O *crossover*. Ouça o som de guitarra africano ingênuo. O poderoso som do baixo. E o conjunto de percussão. Liderado pelo Sr. Gadd, mau.

Run DMC: "Perfection" – *Raising Hell* (1986)
Sinta o balanço, curta o conceito. Vozes e tambores.

Herbie Hancock: "Butterfly" – *Thrust* (1974)
This is da drum. O ritmo malemolente. A velocidade dupla. O trabalho de baixo e bateria.

Puya: "Puya" (1995)
Apresentado pelo meu irmão Skowa, eu acho que é um dos melhores exemplos de *crossover*. Em um compasso eles tocam salsa e no próximo *heavy metal*. Tente entender a transição que eles conseguem fazer. Da síncope ao pesado dois e quatro.

Herbie Hancock (com a participação de Jaco Pastorius): "4 a.m." – *Mr. Hands* (1980)
O que os caras estão fazendo aqui? *Groove* fera com Harvey Mason e Jaco Pastorius, e o homem no teclado.

Orquestra Mahavishnu: "Dawn" (1971)
Um "montuno" oriental. Compassos compostos e as frases de Billy Cobham…

Coltrane: "My favorite Things" (1961)
Primeiro álbum de John Coltrane tocando um saxofone soprano. Ele fez história com sua interpretação da música do musical de 1959 da Broadway: "The Sound of Music". Este álbum vendeu um milhão de cópias…

Charlie Parker: TUDO
Gênio. Analise as frases e os seus *licks* – existem vários. A simplicidade ingênua de algumas de suas composições ("Now's the time").
Bird, a biografia dirigida por Clint Eastwood (que toca piano e, claro, adora jazz) tem uma ótima trilha sonora onde você pode ver uma colaboração interessante de reconstrução de som, com músicos no final dos anos 80 trabalhando com a música de Bird do fim da década de 40 e início dos anos 50. Sensacional. "Laura" a balada… Se eu disser "o cara estava tocando sua alma…", não é suficiente. Apenas como um exemplo: quando ele faz as linhas de suporte e em contraponto às de Miles, dando ênfase na harmonia de "Embraceable You".

Elvin Jones, Elvin Jones, Elvin Jones: FOREVER!
Esse é o único cara que eu importunei na minha vida, pedindo um autógrafo. Ele é a síntese. Seu trabalho com as vassourinhas e aqueles ataques monstros sobre os pratos são algo incrível.

Juan le Pins. Na costa francesa, um Festival de Jazz: eu não poderia pedir mais nada. "Ele" estava no *lineup*. Eu fui ao ensaio (eu tinha que aprender). Primeiro, um *roadie* entrou e montou a bateria. Minutos depois, uma linda garota oriental entrou e testou a batera. Mais tarde fiquei sabendo que era sua esposa.

Ela testou como se ele estivesse lá. Grandes batidas no bumbo e etc. Cinco minutos depois, depois que todos os músicos estavam lá, ele entrou no palco, contou até quatro e eles saíram tocando!

Durante o concerto, apesar de todas as medidas de precaução, no meio de um grande solo – quando ele faz as frases *ostinato* intermináveis que levam as pessoas ao delírio –, um dos tontons cai. Ele não piscou, o *groove* continuou e a multidão, enlouquecida, aplaudia *"The Man"*.

■ ■ ■

p. 85: Azael Rodrigues. [foto: Renato dos Anjos]
p. 86: Azael Rodrigues. [foto: Paulo Kawall Vasconcellos]
p. 87: Da esquerda para a direita: Roberto Sion, Rodolfo Stroeter, Azael Rodrigues, Paulo Bellinati e Nelson Ayres, da banda Pau Brasil [foto: Paulo Kawall Vasconcellos]
pp. 88-89: desenho de Gal Oppido

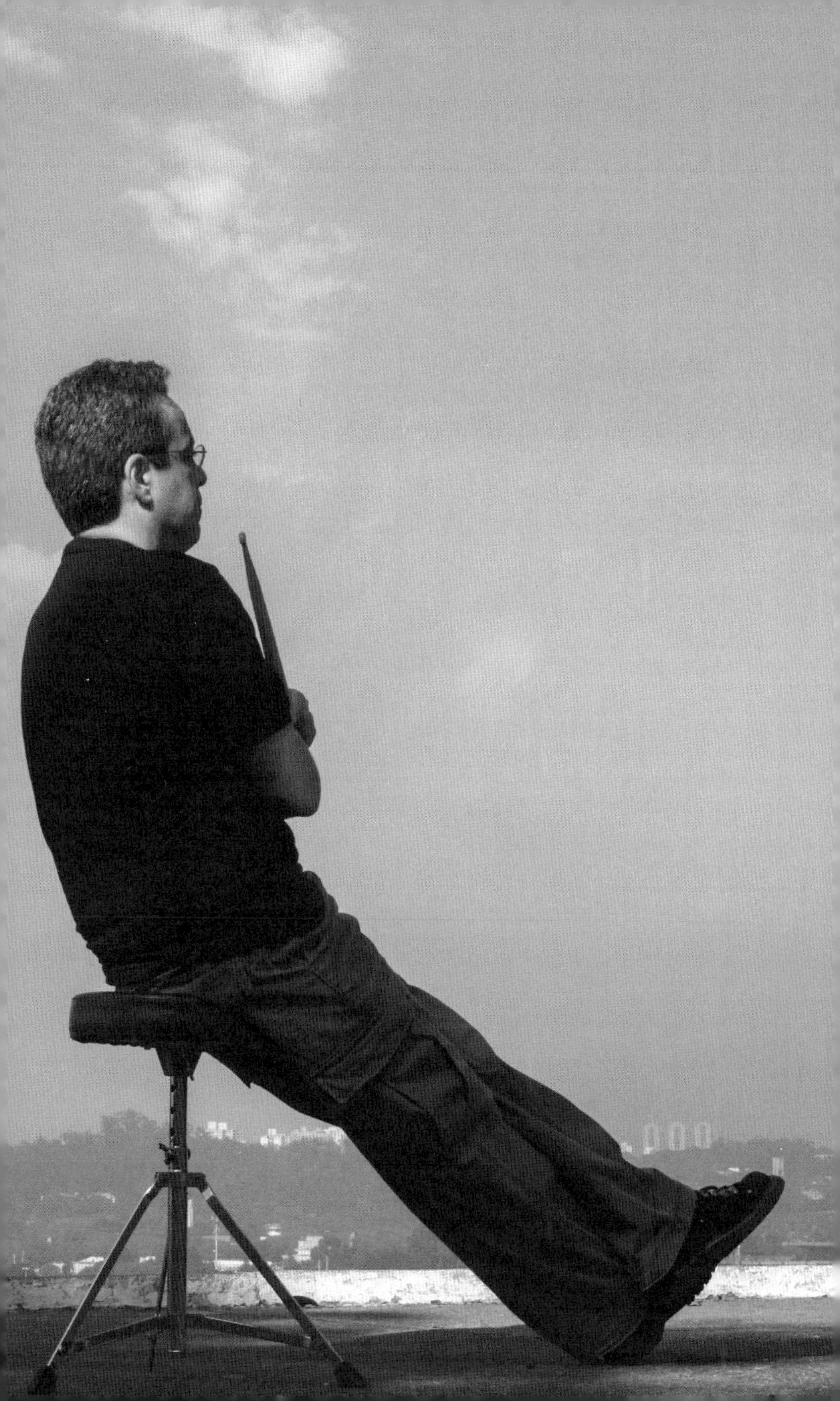

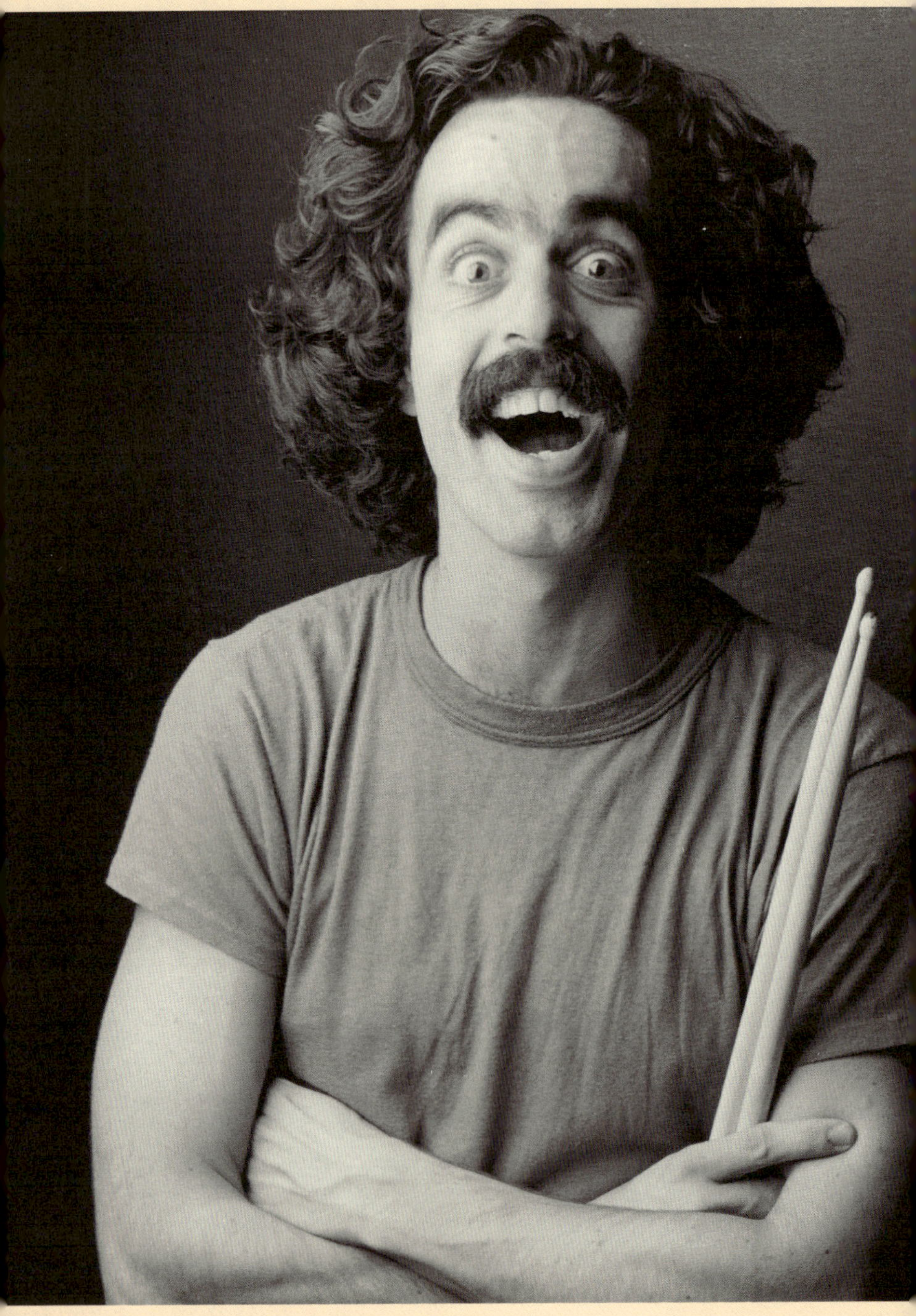

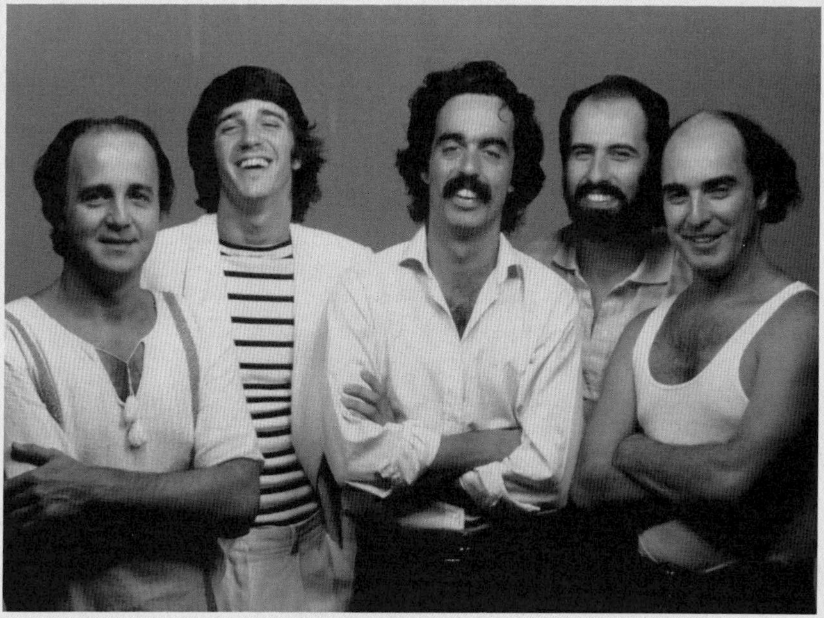

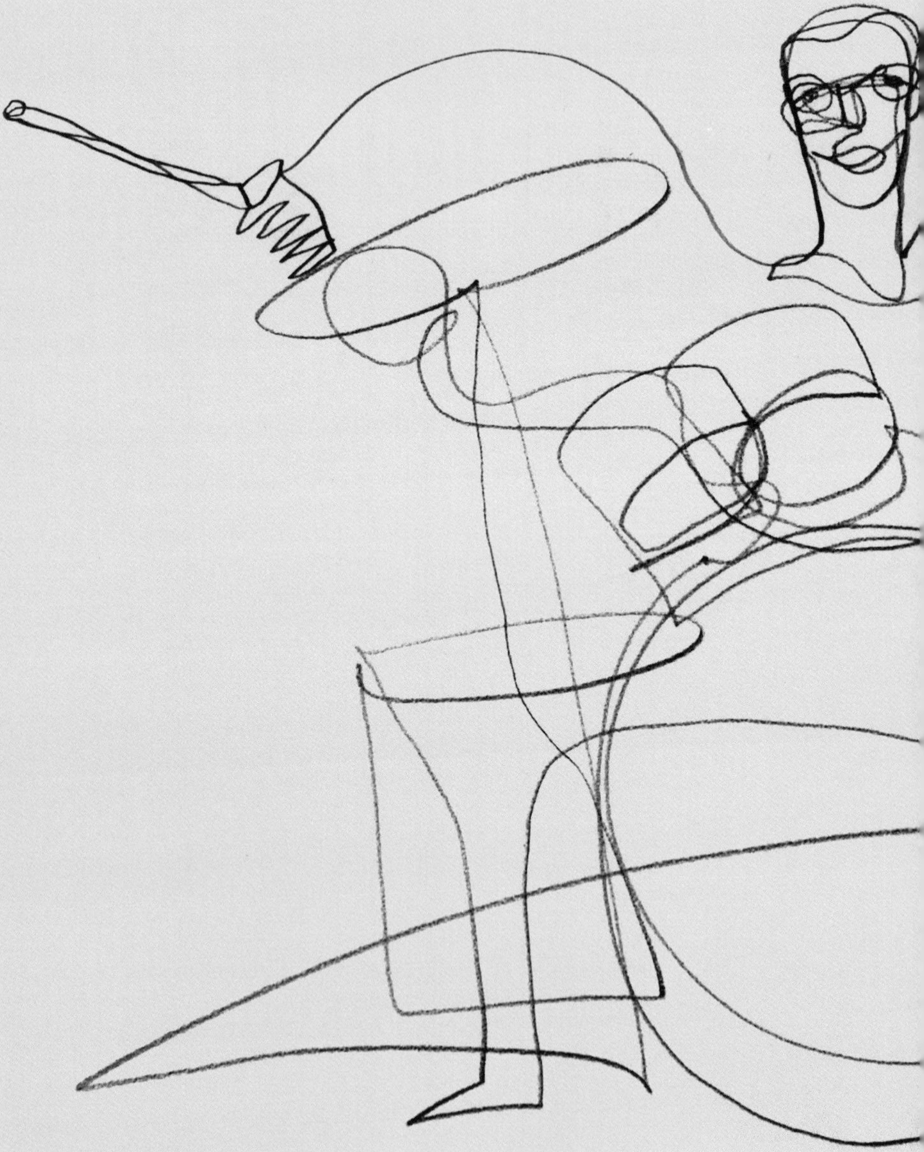

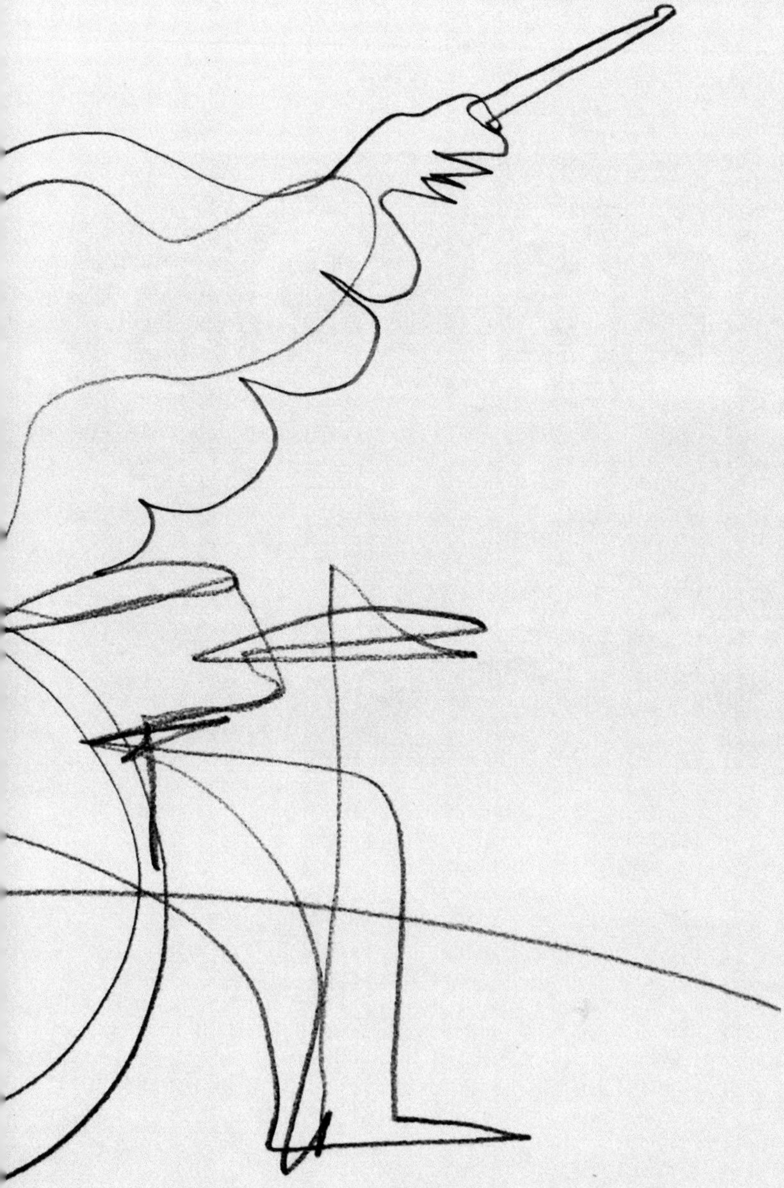

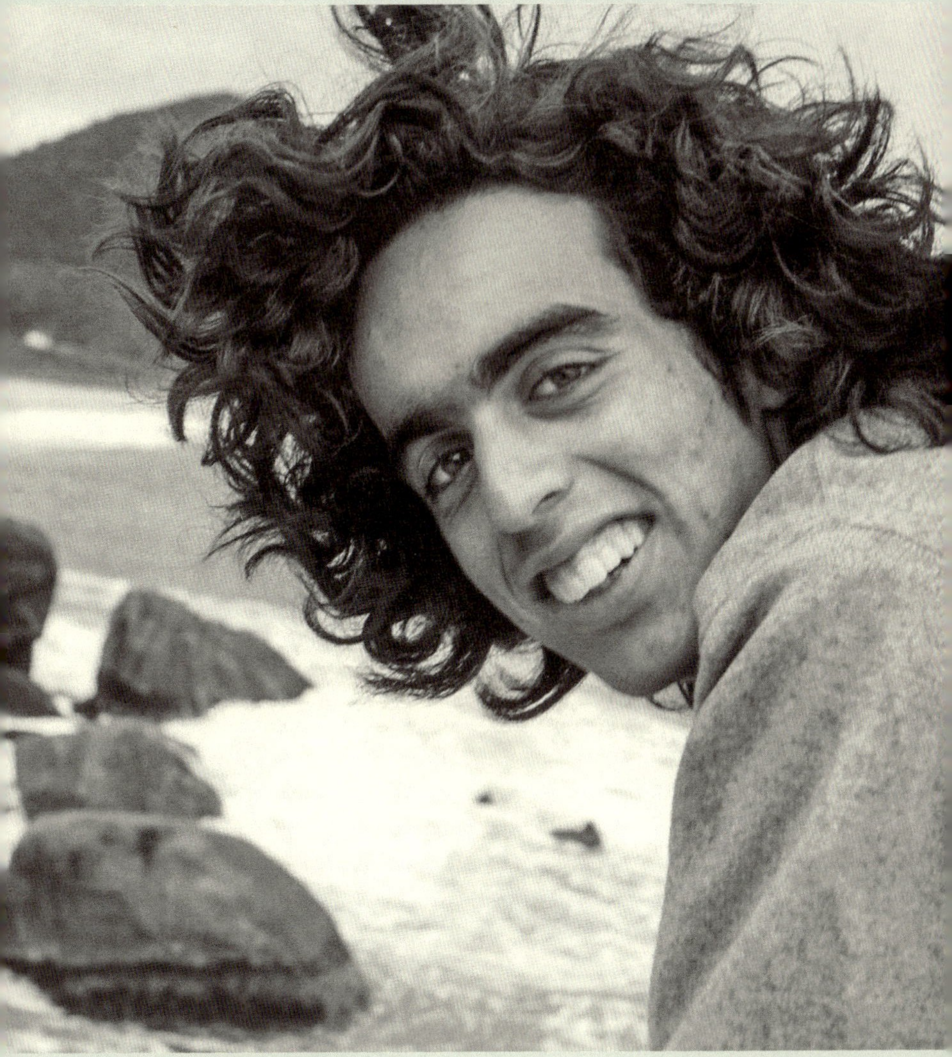

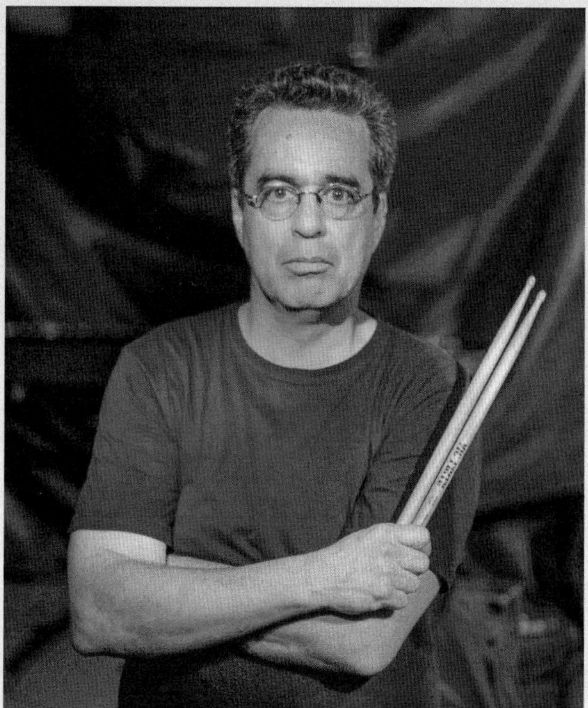

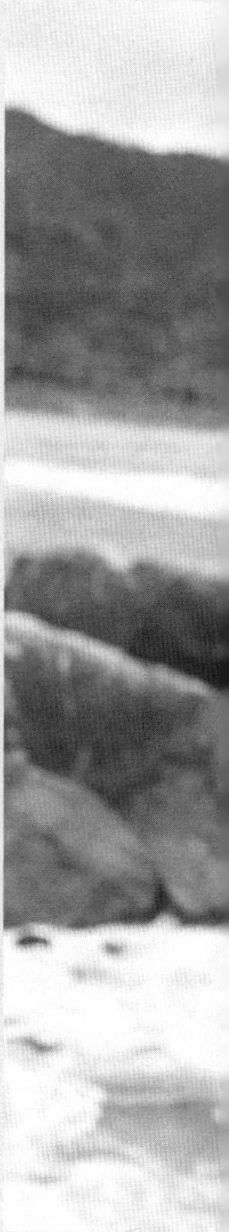

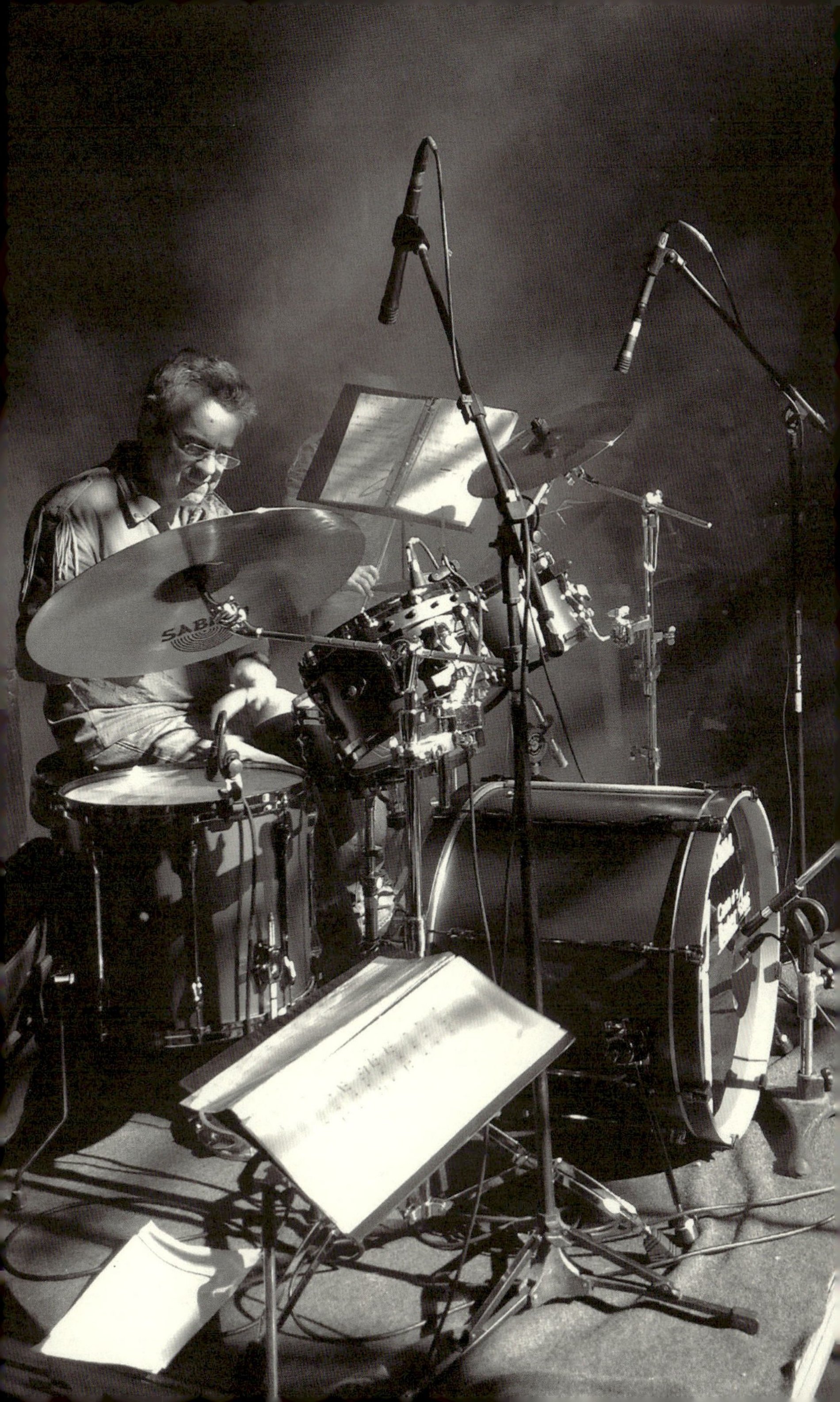

p. 85: Azael Rodrigues. [photo: Azael's private collection]
p. 86-87: Azael Rodrigues. [photo: Renato dos Anjos]
pp. 88-89: Drawing by Gal Oppido

Juan le Pins. At the French Riviera, a Jazz Festival: I could not have asked for more. "He" was on the lineup. I went to the rehearsal (I had to learn). First, a roadie walked in and assembled the drum set. Minutes later, a cute oriental girl walked in and tested the drum set. I later learned she was his wife.

She tested it as if he was there. Big kicking on the bass drum and etc... Five minutes later, after all the musicians were there, he entered the stage, counted to four and they were on!

During the concert, although all precautionary measures were in place, in the middle of a big solo, when he did the *ostinato* phrases that go on and on and drive people wild, one of the tom toms fell. He didn't blink, the groove continued and the crowd cheered wildly... "The Man".

■ ■ ■

next one, heavy metal. Try to understand the transition they can make. From the syncopation to the heavy two and four.

Herbie Hancock (featuring Jaco Pastorius): "4 a.m." – *Mr. Hands* (1980)
What are the guys doing here? Killer groove with Harvey Mason, Jaco Pastorius and the man on the keyboard.

Mahavishnu Orchestra: "Dawn" (1971)
An oriental "montuno". The odd tempos and Billy Cobham's phrases...

Coltrane: "My favorite Things" (1961)
John Coltrane's first album playing a soprano saxophone. He made history with his rendition of the song from the 1959 Broadway musical "The Sound of Music". This album sold one million copies...

Charlie Parker: EVERYTHING
Genius. Analyze the phrases and his licks – there are several; the naïve simplicity of some of his compositions ("Now's the time").

"Bird", the biography directed by Clint Eastwood (who plays the piano and, of course, loves Jazz) has a great soundtrack where you can check an interesting collaboration of sound reconstruction with musicians in the late 80s working with Bird's, from the late 40s – early 50s. It sounds great. "Laura", the ballad... If I say: the guy was playing his soul... It's not enough. Just as an example: "Embraceable you", when he does those lines backing up Miles, a counterpoint giving emphasis on the harmony.

Elvin Jones, Elvin Jones, Elvin Jones: FOREVER!
This guy is the only one that I have ever annoyed in my life by asking for an autograph. He is the synthesis. His brush work and those monster attacks on the cymbals are something.

his famous roll using hand and foot on the floor tom. At this point, a friend of mine asked him "Can you show us slower? He said: "Yes". And he played at the same speed! (Bad guy). Lucky me (3).

Thelonious Monk: "Evidence" (1945)
The general concept of the theme. The smart use of syncopation, half tones and pauses.

Maurice Ravel: "Boléro" (1928)
A study on dynamics (fundamental when you think about rhythm), the sense of repetition, the theme always there, always different.

Béla Bártok: "Concerto for two Pianos and Percussion" (1938)
Like a strong thriller. Bernard Hermann (Hitchcock's favorite) studied in "this" school of music. Moods. The use of traditional folk themes to create the new. The same concept used by Heitor Villa Lobos, the most well-known Brazilian composer in this field.

Paul Simon: "Graceland" (1986)
Steve Gadd and the boys from Brazil (Olodum included). The crossover. Listen to the naive African guitar sound. The power bass sound. And the percussion ensemble. Led by Mr. Gadd, bad.

Run DMC: "Perfection" – *Raising Hell* (1986)
Dig the swing, dig the concept. Voices and drums.

Herbie Hancock: "Butterfly" – *Thrust* (1974)
This is "da" drum. The "jelly" tempo. The double speed. The work of bass and drums.

Puya: "Puya" (1995)
Introduced to me by my brother Skowa, I think it's one of the best examples of crossover. In one bar they play salsa and in the very

You can also check out his music on a very interesting version (in fact, Dana Carvey just pretends to sing) of "Foxy Lady" in the comedy "Wayne's World".

Miles Davis: "Nefertiti" (1968)
Tony Williams' work (Herbie Hancock calls him a visionary in his "Future to future" album and who am I to argue?). Those strong accents that became his trademark (he started playing with Miles at the age of seventeen). Attention to the horn section, they play the attacks not at the same time (against all odds of a section commandment). Bad sacrilege. The responsibility of...

Astor Piazolla: "Fugue 9" (1978)
The classical elegance in the writing, the passion within (the Latin blood speaking).

Ray Charles: "What I say" (1957)
I bought it in a convenience store for a ridiculous price. What can I say? This is one of the treasures of the black culture... The big intro with the Wurlitzer piano sound. Sometimes in the conventions the drummer is a little bit late, but he keeps up in the sequence with confidence. (The so called *scapocchia* that means sloppiness in a particular neighborhood of São Paulo). A great example of the fact that the atmosphere is much more important than the note. Then you have the voice of the man. And a brake and girls begging for more. He has more to give using the trademark female choir that he brought from church. Unbelievable. Shake your rings!

I had the privilege to do an exclusive interview with this legend for a keyboard magazine. I had to listen to his voice repeatedly to transcribe. Lucky me! (1) I also had an exclusive interview with the blues legend B. B. King. Lucky me! (2) My hero, Tony Williams, was the subject of an article I wrote for "Folha de São Paulo". During a workshop he gave at a Jazz Festival in São Paulo, he was showing us

Dig the two drums sounds (a concept also used by Mike Manieri in Carly Simon's records). Leon Russell, the Mad Hatter. Bobby Keys (former Stones' sax) on the saxophone. A classic. And, of course, the white Englishman's answer to the black American question, Ray Charles. Joe Cocker. Everybody touring on a Constellation plane. A 24-hour party. A lot of lots, including too much! You can feel the emulation of the black god "Ray" in the use of the horn section and of the girls on the vocals (a la Gospel).

Jimi Hendrix: "Crosstown Traffic" – *Electric Ladyland* **(1968)**
The "Pop" of ever. The intro gives you the sensation that it is coming into the room with the use of the fade in and the "spatial" stereo effect. The catchy theme. Mitch Mitchell's grooving and phrasing at the end with all those variations are really something.

In a time when the concept was "the naive hippie teenager", he came up with reality. The wild thing. His presentations were full of music and an invitation to the basic instinct: sex. He "was" the wild thing. Check his vocals. Lascivious. Paradoxically, he was so shy than in the beginning of his career he used to have screens between him and the recording room so as not to face the engineer while singing. Check out the cool vocals on "The wind cries Mary".

On "EXP" he made a match between special space effects (he was talking about flying saucers) and Jazz, years before Miles started to play more rock-oriented stuff (such as Bitches Brew). In fact, you can check out a Hendrix lick played by Miles in the album *Jack Johnson*.

On "Axis Bold as Love" (in the title track) you have the wiz kid Mitchell exploring the paradiddles around the drum set with that tripping phase sound on drums.

Playing the American National Anthem with his powerful white Stratocaster, he managed to make the most eloquent speech against the horror of war. Hendrix' concepts of layers using the mixing board as a musical tool were pioneering.

Led Zeppelin: "Baby I'm Gonna Leave You" – *Led Zeppelin* (1969)
The fat sound of the heavy's king. Bonzo ruling on the blues. The tempo, that breath. His magic bass drum doing those triplets on "Whole lotta love" still kills me.

Gilberto Gil: "Expresso 2222" – *Expresso 2222* (1972)
The acoustic guitar. The baddest. This cat invented a new type of swing in the acoustic guitar. I never read about it, so it's time to make things clear. This is the most innovative guitar playing since João Gilberto. He was playing for the song. Not as a musician trying to play a scale. He was grooving his song. He is making the party. You can also check out "Oriente" and "O sonho acabou". Trademark guitar playing.

King Crimson: "Ladies of the Road" – *Islands* (1971)
Robert Fripp. The solo with a few notes always ascending, real descriptive if you know what I mean. The hi-hat just on the upbeat giving a space for each drum sounds separately.

Rolling Stones: "Sway" – *Sticky Fingers* (1971)
That guitar solo. That marvelous cover made by Andy Warhol (the wizard of repetition) with a zipper for you to open. That tongue (Andy again) became the trademark of the bad guys. You can read the warning in the wrapping paper of the vinyl: "This record should be played loud". That's it.

Listen also (in the *Let it Bleed* album) to the unbeatable hit: "Gimme Shelter" with those female vocals.

Joe Cocker: "Mad Dogs and Englishmen" (1970)
The guys were having a real fun time. The generous soul of an Englishman who led a two month US tour along with just about 50 fellow musicians! Party on!

Fast, furious in his creativity he wrote this amazing phrase in sixteenths over the triplet feeling. This is not for amateurs. And we have the soprano sax of Dr. Wayne Shorter.

Egberto Gismonti: "Nó Caipira" (1978)
Brazil again. Those fast notes in the melody, the *zabumba* sound. If Hermeto asks a question, Egberto is the guy to answer. Is Hermeto the sun? O.K. Egberto is the moon! Geniuses of our race, "Brasileiros".

Wayne Shorter: "Miracle of the Fishes" – *Native Dancer* (1978)
With Milton Nascimento and an American/Brazilian band. Check Wayne's solo that starts on tenor and ends on soprano. The crossover again.

Paulo Moura: "Confusão Urbana, Suburbana e Rural" – *Notícia* (1976)
If you want to get into Brazilian music, this is what it is about. Dive into it. It is the music made by our people. The simple people. A collective effort.

Led by the master of the soprano Paulo Moura. On arrangements, we have Wagner Tiso (a brilliant musician) who worked several years with him. Listen also to "Amor proibido".

Elis Regina: "Brigas Nunca Mais" – *Elis e Tom* (1974)
Just the fact that they were together in a CD is enough for you to listen to it. But there is more. Here the guys in the kitchen (that's how we call the combination of bass and drums in Brazil) removed the *surdo* basic beat so you have just the syncopation at the beginning of the theme. Tricky and it sounds great!

Djavan: "Serrado" – *Djavan* (1979)
Pure. And innovative. The early works. He was introducing at that time a new way of playing samba.

the above mentioned. The sound on the second night was simply perfect, making for an amazing presentation.

Jaco and Peter Erskine. The cooking juggernaut. And Robert Thomas. And Dr. Wayne & Dr. Zawinul. The surgeons with their ability to open our minds. When I read the title "Punk Jazz", I immediately felt that the guy had something to say. Not just about music. But about life.

He was a warrior trying to win every battle. He lost his game to his mind. In fact, he won. Because he projected his death. Don't try this at home.

Hermeto Pascoal: "Suíte Norte, Sul, Leste, Oeste" – *Zabumbê--bum-á* (1979)

The Brazil within. It's all there. He is music.

He can play anything. From a Bossendorfer to a frying pan. He breathes music. In the third part of the Suite Nene, he plays "the xaxado" using a typical Brazilian way to play the drums. Arms together playing against the feet together.

Elis Regina: "Eu hein Rosa" – *Elis, essa mulher* (1979)

The left hand of the piano player Cesar Camargo Mariano. Pay attention to the arrangement with its stops and starts, leaving space for the percussion. The voice with swing. I started focusing on the way to play samba with this record. First, the two-note figure on the bass drum, then the sixteenth note on the hi-hat. The snare with the rim shot. And after some years, I had the pleasure of playing with Cesar and Luizão.

Joni Mitchell (featuring Charles Mingus): "The Dry Cleaner from Des Moines" – *Mingus* (1979)

The talented Canadian singer that composed Woodstock gave us this gem, a record that is a tribute to the genius Mingus with... who on Bass? Jaco.

Marvin Gaye: "Sexual Healing" – *Midnight Love* (1982)

The prince of the legendary label Motown. His last studio masterpiece. Pay attention in the division and toning of his voice. He played almost every instrument on this track. Check out also "What's goin' on".

Jaco Pastorius (featuring Jack de Johnette): "Liberty City" – *Word of Mouth* (1981)

The pushing bass drum on 2 and 4. What an arrangement for the horn section! Pay attention to the tuba lines! Mr. Hancock's solo... It is the Florida flavor conveyed by a local guy... What can I say about Mr. Pastorius? One of my heroes. He was to the bass what Jimmy Hendrix was to the guitar and what Charlie Parker was to the saxophone.

The joy that comes from this piece of music is enchanting. Sometimes I think about the power of music in your mood. It's huge if you are open to it. He wrote a piece for Weather Report that is the bible for the bassists (isn't it Marcus Miller, Arturzinho Maia?), Teen Town.

What can you say about the sound of the bass in "Cannon ball", those glides, the round sound!

I saw them live at the Rio de Janeiro Jazz Fest playing the material from the "Weather Report" album with the masterpiece "Three views of a secret".

Check the work on the mixing board of "Teen town" and "Punk Jazz" (those huge drum sounds that seem to jump out of the speakers). I went to two different concerts. One that was part of the line-up and the other one on the closing night, when they were the main attraction. On this one I could feel the professional work of the sound engineer. He managed to balance the terrible echo of the gymnasium. I played at the same venue years later for TV Globo with the Maestro Cesar Camargo Mariano, adjusting a negative curve in the sound system in order to annihilate the delay of

Elis Regina – *Live at Montreux* (1982)
All-star gig with the masters, Luizão Maia/bass, Helio Delmiro/guitar, (using a special finger technique that makes the sound smoother), Paulinho Braga/drums and Elis with Hermeto jamming at the end. Five Stars.

Toninho Horta: "Prato Feito" – *Toninho Horta* (1980)
The groove. Guitarist and composer Toninho Horta recruited Pat Metheny to play a solo with this wonderful group. Mr. Robertinho Silva's amazing swing on drums.

Milton Nascimento (featuring Toninho Horta): "Beijo Partido" – *Minas* (1980)
A classic. Milton Nascimento singing in his most productive phase and with the voice equipment working better than ever. He was "the thing" at the time. The best Brazilian musicians were present on the recording. Pay attention to the wonderful tenor sax solo by Nivaldo Ornellas and the openings of the hi-hat (the form is disco, but the groove is samba) by Paulinho Braga.

Djavan (featuring Stevie Wonder): "Samurai" – *Luz* (1982)
Party on. What could you expect from a meeting like this? Djavan working his song with his idol Stevie. Djavan has one of the most exquisite senses of rhythm in our music. He is always thinking in a different way, always giving us new patterns and rhythmic ideas. What can we say about his ballad "Oceano"?

He is always adding new spice to the beat. I heard him once talking about his background; he said his mother used to sing to him all the time. And then he sang the way she used to. Voilà! Now I know why he has such a distinct concept. It comes from the cradle.

Chick Corea (featuring Steve Gadd): "The Mad Hatter" (1987)
Check on bar (...) of the piano solo. There is a breathing on Gadd's swinging machine, how to play without playing. Less is more.

Paquito D'Rivera (featuring Dave Weckl): "Gdansk" – *Why Not* **(1984)**
I dig the conception of "Montuno" always used in latin music. A phrase that is repeated while you have the drum solo. Dave answering the melodic phrase with lots of expression. Musical. Killer.

James Brown: "I Got You (I Feel Good)" (1965)
Listen to the phrase in the horn section with half tones.
    Enjoy bass and drums. The fast tempo and the brakes (just drums – clean swing, and then the bass phrase – weight). Listen to the groove of the Godfather.

Police: "Message In a Bottle" – *Regatta de Blanc* **(1979)**
The hi-hat work (all those accents) of the guy that made "Rumble Fish" (Coppola's movie sound track), Stewart Copeland (Check him out). I first connected with the Police because of this new way of playing the hi-hat.

Police: "Bed's too big without you" – *Regatta de Blanc* **(1979)**
The economic reggae. One groove (Jamaican mantra) on drums, a cute bass line, guitars on space and a beautiful voice. Synthesis.

Stevie Wonder: "Do I Do" – *Stevie Wonder's Original Musiquarium* **(1982)**
He is the master blaster. You can listen to the "tired" trumpet solo of Dizzy (no problem) and the long phrases in the theme, characteristic of Stevie. You have these on "Sir Duke", Ma Cherie Amour (with Violins) among others. His clavinet groove is unbeatable and so is his style on the hi-hat.

The snare that anticipates the fourth beat is new information in classic format. It became one of the strongest characteristics of the next wave of electronic dance music, which turned Madonna into an icon. The song evolves and culminates in a modulation that goes up and down to finish with a golden key.

On "The Platinum Collection", a great compilation of Chaka Khan hits, she records a tribute to Billie Holliday. "The End of a Love Affair" features a special guest appearance, a guitar player who is a legend himself. Try to guess who I am talking about...

The song starts with a violin arrangement that evokes a certain Chaplin feeling, if you know what I mean. Some critics do not like the use of strings in Jazz. They say: "You cannot use strings or you will contaminate the purity" and yada yada yada... (just listen to the beauty of "Laura" with the sax master Charlie Parker and you will understand what I am saying).

My belief is: you **can** do anything. Basically, the rule is tradition with "no rule". However, there are certain methods to achieve a form that you have imagined and listened within yourself.

As I was saying, the song evolves to a smooth jazz atmosphere with the lady captivating us with her wonderful voice and her privileged range. Then the time is doubled and the guitar man is playing his solo and singing the notes while phrasing in unison. A very easy guess. George Benson. A signature. Then, after the solo, a reference to a trumpet in the lyrics and Chaka gives us that timbre that seems to come from heaven. And in the end of the song, we go back to the opening arrangement, with the violins playing the final statement.

Titãs: "Todo Mundo Quer Amor" – *Jesus Não Tem Dentes no País dos Banguelas* (1987)

The radical poet Arnaldo Antunes making his angry statement about love. Listen to the big sound on the programmed drums.

Allow me: I believe your country is your beliefs. You carry them wherever you go. When a friend asked me if I had become an American, my answer was: "More Brazilian than ever!". And I would like to add "with an American feeling too". No bias, just more ideas. What matters are your beliefs.

"I Have a Dream" (Martin Luther King), "All you Need Is Love" (Lennon/ McCartney).

Madonna: "Vogue" – *I am Breathless* (1990)

The swing of the clubs. Fashion music. The new dance scene at the time. You have a snare played at the fourth beat of the fourth group of sixteenth notes that became the strongest characteristic (pushing forward sensation) on this beat. Danceable.

Eliane Elias: "A long story" – *A long story* (1991)

The talented Brazilian girl with her piano. I was in New York when she first arrived. We met at Sweet Basil at a concert that had Rufus Read on bass; she was starving for a jam session. Next time I went to the Big Apple, I went to see Steps Ahead, a band with Michael and Randy Brecker, Mike Manieri, Peter Erskine and guess who was the special guest? "The stunning Brazilian pianist Eliane Elias".

Chaka Khan: "I am every Woman" (Whitney Houston version) (1992)

The saccharine queen (I would not recommend her repertoire to patients suffering from diabetes) is one of my favorites. Ms. Houston was a major feature of the supermarket tabloids and this version is the so-called instant hit. That bass drum on all four beats (a classic "Disco" procedure) simply kills me. It is a driving force. The string section playing those fast sixteenth note phrases, those octaves on the piano, the guitar playing a sixteenth note triplet figure, all part of the disco idiom.

plant. The name given by the Indians for the place was, precisely, soft land (sand)."

Michel Camilo (featuring Dave Weckl): "Just kiddin'" – *Why not* (1992)

A happy theme, vehicle for this talented pianist born in Cuba and his band mates (Anthony Jackson and Dave Weckl are the rhythmic section). The Latin flavor and the figure on bass that never touches the downbeat (among Cubans, there is a law: never play the "one").

Jorge Benjor: "Engenho de Dentro" – *23* (1993)

This tune reached #1 in the charts in Brazil. After recording, I noticed that I was using an opening in the hi-hat on the fourth beat that gave a subliminal kind of groove. The repetition.

I loved making the horn arrangement (I'm proud of the ascending phrase).

Listen to the percussion (tambourines, congas etc.), all created (and some played) by Mr. Benjor, the groove master.

Ivan Lins: "Meu país" – *Awa Yiô* (1993)

The supreme choice of chords. It's not for nothing that George Benson, Quincy Jones, Toots Thielemans, Ella Fitzgerald, Elis Regina (and other great artists) recorded his songs. In this one, he speaks about his country.

So talented, he suffered an ideological prosecution because some among Brazil's intellectual elite accused him of collaborating with the military government. He just continued to do his work. And, in his own terms, he achieved world recognition. In this particular song, he describes the beauty of our country, Brazil. What melody, what chords! If I had been the arranger of this perfect tune, I would have added a beautiful long echo on the snare in the end of the theme (the one hit on the fourth beat).

"At the end of the day (Grace)". A pearl. Like a suite, its development brings you the music of the bright musicians involved and the savvy writing of the magician Quincy Jones. Bonus? You got it, the voice of Mr. Voice, Barry White and the harmonica of Toots Thielemans.

How can a man sound so sweet and gentle Like Toots? Because he is this way. Believe me, I know the guy.

Last, but not least. You Americans missed out when you didn't vote for Dizzy.

So it's time to repair the mistake. Quincy for president.

P.S. This is a habit of mine... I remember once when this well-known alternative Brazilian newspaper "O Pasquim" interviewed Premeditando o Breque, a cool band I used to play with in those days. (1970s)

During the interview, I sat on the corner of a big table in Baixo Leblon (Rio de Janeiro), chatting the whole time with the cartoonist Angeli (a Brazilian cartoonist who created some of the most memorable characters in our comics). The only thing I really said during the interview was that Tom Jobim could be a great President of Brazil and they all agreed.

He could have been a wonderful president.

His knowledge of Brazil was incredible. Honoring his name (he has Brasileiro – Brazilian in his name), Jobim was very knowledgeable about Brazilian geography, flora and fauna, and had a lot of respect for the original inhabitants of our land, the Indians. Just two examples:

He made everybody become aware of the importance of a bird that is not known for its beauty by naming his album "Urubu" (Vulture). The bird is a land cleaner. Also, when the atomic power plant of Angra dos Reis started collapsing, he just said: "If you had taken noticed of the Tupi Guarani name of Angra you would have understood that it was not the ideal place to build a power

Lulu Santos: "Aviso aos navegantes" – *Anticiclone Tropical* **(1996)**
He is the hit maker. The whole atmosphere, the sitar/guitar sound. He makes everybody sing his music. That's it. Groove.

Nirvana: "In the Bloom" – *Never Mind* **(1991)**
Perfection in four bars, the synthesis of grunge. After the loud opening statement, they play quietly just bass, drums and voice. They used dynamics as a weapon, grabbing everybody's attention (including the headbangers) playing as quietly as possible. Preparing the field for the next hurricane. Smart.

Quincy Jones: "Killer Joe" – *Q's Jook Joint* **(1995)**
The "Dude". He is a living legend. Those arrangements for Sinatra are something, they sound so contemporary. He produced and arranged Michael Jackson's "Thriller".

While doing the music for the "We are the world" Benefit Concert for Haiti, he told his cast of stars: "leave the ego outside, we've got a job to do here".

The way he conducts is amazing, swingin' his whole body. Dancing. There is no authority, but only complicity. And then you have the result: the best music possible.

He was responsible for the only `look back` of Miles' career (always looking ahead) conducting the charts of Gil Evans' arrangements for Miles' "Birth of the Cool". I think Miles felt the end was near and agreed to play his swan song. Life and work can be the same.

There are so many pleasing tracks here but I'd like to quote two:

"Killer Joe". The shuffle. The groove that is made after the dotted notes, with the bass drum played so tastefully in every beat by John Robinson. Just a few phrases, but with the repetition of the pattern. You can feel the character walking, sneaking into Q's Jook Joint. I'd like to make a parallel with "Pictures at an Exhibition" from Mussorgsky, where a guy is walking through a gallery, between the works of art. How entirely different two men can walk!

Lennie Kravitz: "Fly away" – *Five* (1998)
I heard this tune on a TV car commercial in Brazil. The guitar riff caught me instantly. The magic of the guitar riffs (there is a tradition in this subject). And then you have the work of the bass (with wah and effects), drums and voice until the next riff again. It's rock and roll. Black rock and roll. And the lady drummer, what power in her attacks on the cymbals. Baaaannnng. Sixteenth notes on the hi-hat. That's my cup of tea.

Max de Castro: "Samba Raro" – *Onda Diferente* (1999)
The perfect match between novelty and tradition. The new samba (with a drum & bass sound concept) gives way to the more linear groove in the end of the tune. The concept of using the groove with different sets of sound colors.

The result is that you have several "drum sets" in the same song, bringing always novelty to the composition. The guy is radical in his choices. He is the tradition and the new thing. The son of our first black pop star (Wilson Simonal) in the sixties, he listened to a lot of jazz and Brazilian swing at home. And the result is his unique style.

Lenine: "Jacksoul Brasileiro" – *Na Pressão* (1999)
"Eita bichinho porreta!" (what an incredible character!). From Recife, our latest alchemist, who can speak with fluency to the whole world while evoking his village. The grooving guitar.

You can experience the powerful right hand touching the strings playing the harmony of one of our finest genuine composers: Jackson do Pandeiro.

Lenine brings, in his way of singing, the soul of the "cantadores" from northeastern Brazil, the street singers whose only weapons are their guitars and their voice.

softer and softer and then the band stopped. It was just him. The whole theater had the eyes on Birds' brother.

Suddenly, it was so silent that you couldn't hear anything. But you could feel it. And then ... He started playing in the air! No sound, but you could listen to him. Magic!

I can't resist. I want to tell a joke which is about how musical Cuban people are. It was told to me by my partner and friend Maestro Nelson Ayres.

Fidel was worried about the sugar cane production. He decided to stop with the parties on the weekends so people would be more productive on Mondays.

So, in the next interminable speech, he came up with this:

"¡ A partir de ahora, es prohibido bailar el mambo!"

Waaaaa! The people, astonished at first, answered the leader after a few seconds:

"¡Es prohibido bailar el mambo! ¡Viva Fidel!

¡Es prohibido bailar el mambo! ¡Viva Fidel!"

And on the third one, they started dancing and singing the montuno: "!Es prohibido bailar el mambo! ..."

Nobody can stop the groove.

Foo Fighters: *Brain Damage* (2001)

Rock it. Dave Ghrol singing, playing guitar and composing after the dense experience (Nirvana). They went to Brazil to play at the Rock in Rio and the night belonged to them. Two drum sets on the stage. The use of sixteenth notes on the snare (hands alternated with vigor and enjoyment).

René Marie (featuring Jeff Tain Watts) – *Vertigo* (2001)

You can hear Elvin in Jeff's playing, loose behind the beat. In those trades between him and Rene, you can feel that he is the next step in the tradition.

John Scofield: "Ideofunk" – *Uberjam* (2002)
Joy. Party on. A certain kind of New Orleans feeling. The amazing B-3 Hammond Organ sound of Mr. Medeski. All my girlfriends hate this guy. I think he sounds too weird.

The idea of the drums that "disappear" in the end of the last A of the theme.

Wunderbar.

I have to agree with you, Mr. Scofield, Miles would have loved it.

Gonzalo Rubalcaba: "El Manicero" – *Supernova* (2001)
Am I reading a quote from *The Rite of Spring*? I would love to get a chance to talk to him. This could confirm the "theory" of the first chapter. The similarity in this case is melodic (the use of a forth descendent and a third minor descendent) and the richness of the division.

What a wonderful piano player! I have always liked him.

First there was Bill Evans. And then, Chick Corea.

Keith Jarrett used to be a unanimity: Keith and his solo albums. Then, Hancock transcended everything, and nowadays he plays concepts.

Gonzalo for me is the one to listen to now. The Cuban flavor.

Those flashy phrases, his rhythm. The taste for minor second (Monk school).

Just like McCoy Tyner, he can bring out a strong sound from his piano and he does it with a lot of authority. But you can also hear different influences, like Keith Jarrett, then Bill Evans and Monk...

Listen also to the congas. I love Cuban music and the sound of the congas. Joãozinho Parahyba is a Brazilian with a distinctive style on this instrument.

Dizzy Gillespie was good too. He was introduced to its mysteries by the legend "Chano Pozo". At the São Paulo/Montreaux Jazz Festival, after playing his trumpet he started playing the congas, doing his groove, the audience mesmerized; he started playing because the turntable can be a powerful instrument in good hands. It's a matter of having a DJ who has some music skills to put his sound "inside" the music. The use of a narrator to grab your attention to the music. The guy is a skilled thinker. Smooth.

The Rhodes sound. The wah wah sound. The bass line. The use of the voice (a different type of information for the standard instrumental music) telling you the direction you have to go with your listening. And the unexpected timbre, the scratch doing not just effects but musical phrases. The interplay of the contexts grabbing your attention for what is next.

Eminem: "Cleanin' Out My Closet" – *The Eminem Show* (2002)

Mega selling album (5 million copies) of the man of controversy. He has a big mouth and exposes himself the way the public loves. The same audience that chews out a guy who is just a little unbalanced, like Kurt Cobain. He touches the point when he says he sells more because he is white. He is right.

It's amazing how rap is rhythmic. The words construct a rhythm on top of the rhythmic section. In this tune, the drums use an interesting pattern with the hi-hat in the upbeats. And you have the use of strings.

Lots of swearing. It's street music.

The song starts like a soundtrack, with the wonderful sound of dress shoes on the floor (I always loved the color of this sound).

Listen to the smart use of the scratch (sixteenth notes) to prepare for the next part on "Business".

Feel the power that comes from "Till I collapsed".

On "My dad's gone crazy", the strings in *pizzicato* playing an *ostinato* figure and after the second verse, you have, if you can believe it, harmony.

There are no snare drums, a bass drum played with a muffled attack on the cymbal replaces them. Dr. Dre is the man behind the production.

Wunderbar:
the guys playin'

All the music presented here has walked with me through all these years, always teaching, always amusing. Some of the guys are natural, some of them fought hard to get it, they all deserve our attention; it's wunderbar music.

Lenine: "Caribantu" – *Falange Canibal* **(2002)**
The Brazil of today, Brazil forever. The sound of Brazilian drums.
   Joy to the ears, all colors of skin. Maracatu. The deep sound of the bass drums contrasting with the pulse of the treble instruments (snare, chocalho, ganza, and agogo). The bass phrase generating movement, kind of pushing, when accenting the second sixteenth note.
   Lenine deals here with information, he doesn't want to give you redundancy, so you have a build up with the percussion.
   The feminine choir drives me directly to the northeast and those popular celebrations with everybody in the streets dancing, playing an instrument and making the party themselves.
   Listen also to "O Silêncio das Estrelas" (The silence of the Stars). Music and poetry in a symbiotic relationship. "Being a man in search of more, at last...", "The door to infinity". Those strings sliding... the bird gliding... groove.

Herbie Hancock – *Future 2 future* **(2002)**
The typical "weird De Johnette's" swing. I think it happens after his use of the high tuning on the bass drum and the hi-hat always not tightly closed. The musical use of the scratch. It's wonderful

But don't be unmerciful with yourself. Play the difficult pieces slowly, you have to process the information.

Analyze, understand, play, interpret, groove and forget it, let the music "play" you.

If you feel some of these concepts coming out in a cool solo, you have done good for us.

Listen to the music with your whole body, not just the ears, not just the "analyzer" (brain), not just the heart, nor just the guts.

Go deep. Dig the secrets. Check out every great musician you set your eyes on.

I remember seeing Danny Richmond (with the Charlie Mingus band) playing in São Paulo at the Teatro Municipal and feeling that groove in my arms during a rehearsal the following day.

Don't copy. Try to emulate.

If you allow me, I believe you can live without boundaries between what you do and what you are. Life can be your best composition.

Music has life in itself. Always changing and if you want, constantly growing. A work in progress.

It is all inside you. Including infinity.

■ ■ ■

"How easy it is".

Walking through the clouds, except there were no clouds. The people down below, astonished to see what they were seeing, their mouths opened in disbelief, shook their heads saying to themselves, "It is impossible!". The guy went back and forth eight times, not just walking, but standing on one foot, sometimes dancing. He even laid down on the cable and looked at the sky. "I saw a bird. It had red eyes. I was invading its space and I could feel that it felt the same way".

The police officer that was sent to arrest the man on the rope showed sensibility: "I got there and realized that I was seeing something that was so unique that I backed up and watched". After ending his routine, the rope walker was arrested. Among the many charges, trespassing and no permit for "public performance".

Then we realize that the authorities, in this case, had been sensible too.

After all, he was humanizing those sterile buildings.

He gave life to them and put them on the world map.

He was dismissed of all charges and in exchange he was required to give a free high wire show for children in Central Park.

The building: The World Trade Center

The man: Philippe Petit.

It was possible. It is possible.

■■■

Party on

So, my friend, we have walked together, (pleasantly I hope), talking about how to put our senses on alert. Like a big cat ready to catch its prey, we must remain focused.

"Mr. Roy, I have a question!". After the show I was chatting with some of the young players while waiting for him. He looked at me and I asked in a complementary, yet provocative, way: "Sir, what are you trying to do? Bring a new life to Jazz?" Astonished, he asked me to repeat and I posed the same question. He listened, and then I could notice a subtle smile...

By the way, he told me that the drummer was 16. "Thank you". Can't go to bed. Let's walk...

■■■

Dream

With a terrible toothache, he went to the dentist. There was no fish to watch like in *Finding Nemo* so he searched for a magazine. The ache was as strong as the article that struck his eyes. He read it. Carefully he tore it from the magazine and took it away. He still had the pain but now he had a dream in his pocket. Six years later he and his friends started to research how to get rid of the obstacles that were in his way: how to bring the equipment to place, how to extend the cable, how to deal with the movement of the buildings, how to deal with the wind...

With an arrow, the sneaky guys extended a fishing cord between the buildings. After that, they pulled a rope, then a cable and quickly tightened it to 2500 pounds of tension. A few minutes past 7:00 a.m., the guy with the toothache from the beginning of the story was walking between the two buildings. He started slowly, studying the environment with his 27-foot balancing pole.

Then a smile.

piano came on stage and it was almost as if he could listen to my challenge: he played with so much confidence and ease, the energy was amazing. The audience went nuts. Time for a third piano player: could he go farther than all those incredible musicians?

(to be continued).

4

Dear friend, what do you think? Did he make it? The answer is no. The guy was a tremendous musician (he was invited by Roy to play there), he had all the chops and licks but he lacked focus, lost the momentum and started repeating himself.

While this was occurring, I noticed that on the drums we had a switch from the original drummer to another one without stopping the rhythm (the ride cymbal working as a bridge between the two of them). The new drummer was really a "new" one. He looked like 15 and was playing the beat like (the master) Art Blake. The pianist finished the solo and the horns were back doing short solos. The excitement was still in the air. They started trading "fours"[4] with the young guy that was always giving good answers to their questions. The leader made one sign and the band stopped for an open solo played by the "kid". What we listened to was a kind of emulation of a Tony Williams plus some tricks of his own. Superb. The people cheered the solo and the band as if they were a rock audience. We asked for an encore and the band gave us a nice version of – believe me – a Queen's tune (in fact the only one that I like from them) "Another one bites the dust". Pop cool.

---

4 A form of discontinuous drum solo in which 4 measure sections are alternately played solo by the drummer, and by the band with another soloist.

cited, had to be calmed down. The pianist started alone, playing in a provocative *pianissimo* in order to catch everyone's attention. The band entered the stage playing a difficult theme. The leader, Roy, wore a discolored shirt like a hippie with dreadlocks and the saxophone player sounded more convincing than him. The night was just beginning…

(to be continued)

3

So, Mr. Roy Dreadlock, show me what you got! I tend to think like a boxer in a fight. I have high standards, so for me to stay until the end of a concert my opponent has to show some skills. Roy was concerned about the band. On the first tune we had a wonderful open drum solo and on the next three tunes. As I said before, the sax was the highlight and we had a nice bass solo too, not to mention the piano player, an old guy playing with energy and elegance.

Where are you, Mr. Dreadlock?

After those complicated tunes he called a ballad. It was time to play the flugelhorn. And for me, to get a punch in the nose. "It was about time, Roy!" He played the classical Frank Sinatra tune "All the way". The appreciation for tradition, the melody played as straight as possible with no virtuosity and the tone used just killed me. To close the set, a fast Monk's blues. Let's bring in the special guests. Everybody in the band soloed and then he invited a sax player. Such energy, killer. The audience loved it. Then another sax, rhythm & blues oriented, funky, killer. The crowd was pleased. Time for some piano players. A young guy took the stage and gave us fire with dexterity and fast phrases. The audience went knockdown. "Could somebody play better than this?" Yes, and a new guy on the

"In Memorian Vinny (something)".
And below his famous deep thought:
"In case of doubt, knock them out"
Next chapter: The saga of the endless Sunday's Jam.

2

Sunday. After my gig at the Gift Show, I checked into the Washington Square Hotel. A small and cozy place that is in a corner of a charming leafy square.

Roy Hargrove was closing his season at the Village Vanguard. If you want to play at the Vanguard, you need to have Lorraine Gordon's blessing. She is the owner of the club and does not allow just anyone to play there. Harry Connick Jr. once requested a gig at the Vanguard and her answer was "He is not ready yet".

Outside you can see the line. I went down to ask the doorman about a ticket and he said it was sold out but that I could come later to the second show. Cool. Let's do something until it's time. Walking is my favorite sport in the city. Walking down Seventh Avenue South I heard some music nearby. Music in this city sometimes comes to you. I walked into one of those characteristic brownstone buildings with a ground floor apartment turned into a bar and came upon a four-piece band playing funk grooves with a jazz accent on the improvisation. Good music and a plus: the drummer. A strong black girl with a hairstyle like Princess Lea of Star Wars. Fun to watch.

Let's go back because it's time to catch the man with the horn. The line is huge. But fortunately, they have a seat for me at the bar not very close to the stage but very central. The old lady is there, very active, in charge of the whole operation. The crowd, too ex-

The flight was o.k. but I could not rest. I was on my way to New York...

The Jacob Javitz Center is a huge place: a major venue for all sorts of trade shows; this particular one, "The New York Gift Show". My sister was waiting for me at the main convention hall and we went in right away, searching for the right pieces for the design gallery. After hours looking at home accessories and objects from all over the world, we went for a late lunch and then stopped by a friend's house.

Then the girls asked me if I wanted to take a nap.

"No, thanks, not right now, I have to check the neighborhood".

The streets were calling. NY.

After a short walk, I went into a bookstore and noticed a thin guy that looked like...

– Excuse me, aren't you Arto? (Arto Lindsay, the musician that used to play with Marisa Monte and had the group Ambitious Lovers that always plays at the Knitting Factory).

– Yes.

– Are you gonna be playing this weekend?

– No, I'm just enjoying the summer and preparing some new work.

– O.K. so maybe next time.

– Are you Brazilian?

– Yes.

– Qual é o seu nome? (he had a slight northeastern accent in his Portuguese).

– Azael.

– Prazer.

Cool.

Walking back to my friend's house, I passed in front of the Hell's Angels headquarters. As expected, there's a big guy in front with the characteristic black outfit and tattoos.

And you can read on top of the entrance door:

First – like the superb bass player Stanley Clarke, he knows the importance of the audience and he plays for it. (Stanley played some concerts in Brazil and in the end, he called some bass players to jam. When they tried to show the fastest "lick" to Stanley, the big man pointed towards the audience showing the bass players that they have to play for their public. That is what matters!)

Second – the energy has to be exchanged with other people. What he told me made me think of Mallarmé and the rolling dices: Kothare would go with the flow and then choose a few people in the audience who would absorb and spread his energy.

He was sharing his moment of groove. Thank you.

■■■

New York stories

1

After the three-hour show with my dear friends Rose, Ramah, Saul and Dr. Don, I went home, still sweating, tired, took my drum set into my house and my stomach complained "I need something". Went to a Pollo Tropical, got a quick something, a beer and it was time to collapse. 12:30 a.m. I had to be at the airport at five.

The sound of my alarm clock warned me it was three thirty. Slowly, I started packing and then it was time for a shower and a cab, as sleepy as someone can be.

Looping (mantra)

I have encountered this idea in almost every culture. The possibility of reaching another level of awareness through repetition. Some tribes in Africa perceive musicians as the link between God and people.

In Samba, we have established the sixteenth figure rules. So what matters now is not to play a bunch of notes but to play with care. We use short loops. Think four sixteenth notes at the time. Check the difference between playing a group of sixteen sixteenth straight and playing them using this different concept. The feeling of a new beginning at each group helps you, allows you to breathe again, and then you reach a more organic way of playing.

Remember, music is mind and body working together; the lower the effort, the more you are at ease. Herbie Hancock and Wayne Shorter have their mantras. Buddhists, they pray with swing.

A CHAPTER WITHIN THE CHAPTER

Eastern culture has a highly developed sense of mantra. I had the opportunity to experience a little of this vast culture in London with the Tabla Master Madhukar Kotare. The Tabla, this amazing Indian two drum set (one in wood, the other in metal), has a characteristic black spot in the middle of its goatskin that is made of rice flour and magnesium. The Bayaan (the left drum) has a timbre that resembles the sound of a big stone falling into water. Exquisite.

I went to one of his concerts. At a certain point, he spotted me among the audience. Eye contact. And I could see him looking at some other people too. Next class, I asked him about that and I learned two interesting lessons.

Nov 8/02

OLIVER SACKS, M.D.
2 Horatio Street, 3G
New York, NY 10014
Tel: (212) 633-8373
Fax: (212) 633-8928

Dear Mr. Rodriguez,

Thank you for your letter. You are full of deep questions I cannot try to answer in a brief letter, so I am enclosing a copy of a piece — "Music & the Brain" — I wrote some years ago. I have thought further, and would now put things somewhat differently — but I hope, nonetheless, the piece suggests some answers to your mind (or, better still, additional questions!).

With best wishes,

Oliver Sacks

enc
"Music and the Brain"

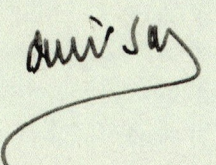

- How can you describe the different levels of listening?

Last, but not least, I'd like to thank you for these two months of acquaintanceship (the relationship between reader and writer); your book brought me the scent of my early thoughts.

Thanks for your time
Azael Rodrigues

- A drummer uses, at least, two different ways of thinking while playing: working with the conditioned reflex (sub cortical operation) and the conscious process that gives him the ability to play phrases (cortical) and improvise, while playing the basic beat with the other limbs. A third process occurs when these two different ways interact. The sub cortical operation returns to be active again. Do we have a different region of the brain activated when we have this interaction?
- There is a situation that generates what I call "the groove", a drummer tying in with an audience after the beat, the same feeling achieved after chanting mantras or the effect achieved by a shaman on an entire tribe playing the drums. There is busy motor activity going on. Can you elaborate something about it?
- What is the importance of the equilibrium (the labyrinth) in the process of playing? Which sense is touched when we have a shaman putting a tribe in trance?
- What happens physically when "suddenly" you have an idea, illumination or whatever? Reading ... I started to make a picture: "a global dimension activity using different regions of the brain including the two memories. The reentrant signaling makes its move transporting the different pieces of a concept. The pieces resonate with each other and the brain reaches the 40 Hz oscillation. The reward system is activated producing dopamine that unfetters the communication between neurons. The result is the ability to formulate new concepts by forging links between the old memory and the novel, as opposed to those previous encountered in a given environment. A new experience is achieved. The brain walked a little further". Do you see any connection between my question and my reading?
- In which way (the "suddenly") is similar to a physical orgasm (Flaubert – "erections of the mind")?
- Is repeating mantras, chanting the "OM" a quest to reach the 40 Hz that harmonizes the mind?

Talking with my dear friend Ney Rosauro, I mentioned the piece that I have just described. He said that people don't play much Stockhausen in America anymore. He told me that, in an interview, the author had said that, in a way, 9/11 was a masterpiece that no artist could come up with because it grabbed the whole world's attention. What a pity that such a talented guy would put himself in the spotlight feeding such controversy. I can understand that the ultimate goal of the artist is to reach the biggest audience possible, but, in this case, his logic becomes a bit Machiavellian, where the ends justify the means. No way. You have to choose your cause. You are responsible for your words.

...

The letter

Miami, October 17, 2002

Dear Mr. Sacks,

I'm a musician, 47 years old, Brazilian. I'm writing a book about rhythm. In one of the chapters, I'm studying the processes that occur in the mind when somebody is playing an instrument. It's about levels of consciousness. Reading your book "Uncle Tungsteen" I found some ideas that are discussed in my study (the mastering of a piece of music and the awakening of the spirit in the very same page. "Ticiatti…).

Since you are a neurologist, I have some questions for you and any advice you can give me will be of great help for my studies.

The melody was played once more and this time he grabbed two sticks and played along with the theme. Then the second did the same. And then the third.

Silence.

The ceremony was over.

The end.

Magic.

Researching for the chapter about the shamans, I found this one on Mircea Eliade's book *Shamanism*:

> The Yakut Gavril Alekseyev states that each shaman has a Bird-of prey--Mother, which is like a great bird with an iron beak, hooked claws and a long tail. This mythical bird shows itself only twice: at the shaman's spiritual birth, and at his death. It takes his soul, carries it to the underworld and leaves it to ripen on a branch of a pitch pine. When the soul has reached maturity, the bird carries it back to earth, cuts the candidate's body into bits, and distributes them among the evil spirits of disease and death. Each spirit devours the part of the body that is his share; this gives the future shaman power to cure the corresponding diseases. After devouring the whole body, the evil spirits depart. The Bird-Mother restores the bones to their places and the candidate (to be a shaman) wakes as from a deep sleep.

Later, in the same book, I read about the initiation of Australian magicians. He writes: "According to Howitt, the Wotjobaluck, tribesmen believe that a supernatural being, Nagataya, consecrates the medicine man; he opens his belly and inserts the rock crystals that confer magical power."

To have lived this experience... The intriguing silence, the acting musicians showing their "discoveries". The heavenly sounds, the power of myth and the music touching all the senses of the audience!

Stockhausen has always attracted me because of his ability to come up with interesting concepts, not only in music but also in life. Example: "in the cities you would have sonic trash cans. These cans would reverse the undesirable noises that normally plague urbanscapes so people would be able to cope with a more 'listenable' environment".

Sound ecology.

So I took the tube and went to the Roundhouse Theater (this fact amazed me because it was a venue usually booked for rock concerts).

The first part of the program was prepared piano and percussion; music very well played and conventional (if you can say that about the author). The second act demanded an intermission to have the stage prepared for the action. When I came back from the break there was a big bird (huge, made of cloth, about 16 feet tall) placed in the center of the stage, suspended.

Total silence, the musicians came to the stage with slow movements.

Dressed like hunters. They started studying the bird. They grabbed some long thin sticks, and very slowly, very carefully, started experimenting with them. These sticks cutting the air produced a swishing sound. All of a sudden, you could feel that they were experiencing the power of possessing a weapon. The next scene was something like a hunter's ritual. One of the hunters struck the bird with his stick, then the second one struck it as well and then the third; all of them touched the bird successively, as if in an ecstatic frame of mind, faster and faster with the swishing stick.

Then they suddenly stopped. They realized they had won the battle. One of them approached the bird very carefully, put his hand inside the animal and brought out a small box. He moved towards his place on the stage, put the box on the floor near a glockenspiel.[3] On his knees, he opened the box and an exquisite melody came out.

---

[3] Percussion instrument composed of a set of tuned metal pieces arranged in the fashion of a keyboard of a piano.

I only saw two concerts. The third was canceled. Miles was dealing with his problems. Human beings tend to experience contradictory feelings in their search for companionship. "Being with". It can be a wonderful feeling but also, a nightmare. I once told a sax player that I lived on my own and I remember his disbelief: "how can you deal with that?"

"Of course, man, I have things to think of on my own".

I have my own temple here in Miami. I call it the perfect spot. It's a 1930s deco house in North Miami Beach. Here I can think and look at the stars. After the horror of September 11, I remember counting planes (after two days they were back again in the air). While experiencing a sensation of relief I would say to myself "we'll make it!"

In regard to my temple, I want to quote an American hero, Henry David Thoreau, who once said he "never found a companion as companionable as solitude".

■■■

Music in my stomach

London, 1975. Reading the Time Out magazine, I stumbled upon this ad: "The Kontarsky Brothers and Les Percussionistes de Strasbourg are playing the music of Kharlheinz Stochausen". I had heard of the Konstarskys; an amazing duo that specialized in music of the 20th century. The Strasbourg percussion ensemble was at the time the best that you could find. Powerful musicians playing the music of one of the finest radical composers of the so called "contemporary music" (by the way, what will you call this music a hundred years from now?)

The Municipal Theater was to me what the Fillmore was to the Americans, or what La Scala was to my good Italian friends in the "opera period". The Municipal was my Fillmore (the legendary American rock theater of the late sixties).

I saw really great concerts there and expanded my repertoire of classical music. The first time I listened to Ravel's Bolero, I wanted to jump from the gallery and just fly with the music. It was organic fulfillment. One of those big moments in life.

1974, Miles Davis. Three concerts. My diabolical plan was to attend all three of them. While trying to get in without a ticket (remember, we were short of money) I met a Brazilian Sports legend, Adhemar Ferreira da Silva, who had brought his daughter to the concert. She got in. I had to pay.

It was worth it. On stage, tons of equipment. It was the "Agharta Tour". Three guitars, one doing just harmony, the other, rhythmic stuff (the guy also played percussion) and the third, a soloist, left handed like Jimmy Hendrix playing a white Fender like "The man".

At the end of the first concert I tried to speak to Miles and I could read in his face the question: "What the f... does this 'white' nigga want from me?" Ha! Lovely!

Al Foster on drums. Mtume was on percussion. He was friendly, and we chatted about his instruments. Miles later wrote a tune he called "Mtume".

The band had David Liebman, the wonderful sax player with his iconic bandana. I interviewed him later for Modern Drummer Brasil, at a time when he was working with Guinga, the Brazilian composer and guitar player. There was a bass player that sounded like "Sly and the Family Stone" and then, "the man with the horn". Playing with his back to the audience. He was once asked about it and came up with a killer explanation that was very simple: have you seen any maestro perform facing the audience? He had a keyboard next to him. Sometimes he played a few chords. Four augmented flowed from the speakers.

- Mastering anything (the challenge)
- "Comigo não tem tempo quente" (translation: "Cool")
- Professor Tacla's approach to solving a problem ("Figure out all the variables, isolate each, check all possibilities, and you'll have the answer").
- "Between chance and mystery, imagination, man's absolute freedom sneaks in" – Luis Buñuel (the prince of iconoclasts giving us some poetry).

...

The temple

My swingin' black brother. I realized he was black when someone made a remark about it. The fact was not relevant to me. In my mind he was, essentially, a prolific talker. We were then teenagers and short of money. I remember getting us tickets for a Mingus concert at the Teatro Municipal. We had to see the man. In the band, cats like George Adams, the guy that made that wonderful solo at "Duke Ellington's Sound of Love" emulating Harry Carney, one of Duke's favorite and Don Pullen on the piano (playing all those marvelous clusters with his arms).

My love for second diminished and four augmented chords – *il diavolo* (the devil) in music in the middle ages. In those days, in the Pope's mind, only the perfect heavenly sound of the fifths should be played in church. Sorry God, sometimes we have to speak about evil. "Speak no evil", "Live evil", "Crossroads" are some of the great works which deal with the subject.

Personal choices

A random sample of my cells today:

- My name is labor* (*non ducor duco*, going with the flow, *vou na valsa*)
- "Z", a nickname in America (my translation to English)
- Miles
- Tom Jobim
- Ali ("I'm so fast…")
- Gustavo "Guga" Kuerten backhand (the groove in tennis, the groove in life)
- Silvia, Danielle, Patricia (my love)
- Providence – Alain Resnais
- Broadway Boogie Woogie – Mondrian
- Water Lillies – Monet
- Luis Buñuel – Mon dernier soupir
- To cook (my alchemist [oh! my poor stomach] soul)
- Miami (Paris, please, wait for me)
- Sex
- Love
- Thinking
- Jogging
- Writing music
- Writing ideas
- "Play safe" – Steve Gadd (Down Beat interview)
- "If you have an idea don't play it" – Robert Fripp (King Crimson)
- "I'm only in it for the money" – Frank Zappa
- New York (the brain feeder)
- Bukowsky (the speech about style, it is the only thing that really matters.)

Like Mendeleev and my friend Oliver Sacks (because after reading a book you have a relationship with the author) I will add a big footnote.

I was in Europe traveling with my girlfriend and took a plane back to London where I was living at the time. During those years, all of my friends in Brazil had problems with the police. These were the 70s and it was a time of political and social repression under the military dictatorship: lots of political struggle and torture going on; if you did not carry your ID at all times, you could end up in jail. At that time, I remember experiencing a nice feeling of "*corpo fechado*" which means, "I felt protected, nothing could happen to me".

At Heathrow Airport, the men stopped me and started their search.

I got busted. I had a small amount of pot with me.

Another story?

Arriving at the last moment at a gig, and two "buddies" had some ideas of their own. In between sets they asked me if I had something to share and I said no. They started swearing at me because they "knew" I had had some coke. And they badly needed it. I still talk to these guys. But you see, with drugs nothing matters, not even friendship. It is quite sad, drugs teach you hard lessons.

Brilliant minds that could have made more music; Charlie Parker, Jaco Pastorius, Jimmy Hendrix, Kurt Cobain, just to name a few.

Examples of vigilance: Keith Richards, Miles Davis.

■ ■ ■

matter what you put between those bars, play that accent. You will be giving the listener the clue to stick with your groove".

Cool.

...

Cup of tea

(choices)

The body has to be in good shape, ready to answer the brain impulses. Some substances that you can find in the alternative market can slow down or speed up the connection brain/body too much. It is always up to you. The distraction will be very noticeable for anyone and especially the ones that had the same experience (believe me, there are tons of them). The substance interferes with your playing. And no way, you won't win that silly game between you and yourself; besides, you are putting yourself in the place where the music should be. It's just a matter of conscience and how many operations a brain can do.

C'mon, no tips on this subject? O.K. One advice: herbs.

The herb that I'm referring to is tea. A kind of booster that is used since millennial imperial China, with different tastes and colors, can be warm or cold and it's allowed in any place, besides cleansing your body. Different cultures have revered this beverage. In fact, some of them have a ceremony to consume it.

Take your time, let your imagination fly watching the performance of the smoke coming out from the cup.

Have a good trip, and, besides, this is the favorite drink and the recipe for Max Roach's longevity. God bless you master!

yourself) the theme, and play the accompaniment. Do it alone. As soon as you feel that you are grooving (repeat three, maybe four times to establish the pace) try some phrases that you think are more suitable for the theme. Develop some cells and repeat them. Try to avoid that old (comfortable) lick that you normally use.

Play the theme again and execute your developed phrases. Now you have something prepared for the moment. When the time comes, try to concentrate on the groove in order to have the pulse when playing your solo.

Remember, before John Coltrane played the "Giant Step" solo, he had to study hard for months in order to become acquainted with all those changes. He will always remain a good example of dedication and determination to his studies.

A solo doesn't have to be complicated to show off your skills, but it needs to have an idea, a concept in itself. The goal is not to be technical but, again, to play for music's sake.

You have an example of finesse (adequacy to the theme) and simplicity in Joe Morellos' solo on "Far more drums". You can perceive him "singing" the theme with his drums.

Another tip about improvisation: this one from Mr. Bob Moses. I had just finished recording the album *A Divina Increnca* with the "virtuoso" piano player Felix Wagner in São Paulo and then traveled to New York. While there, I took some classes with Bob and I gave him the album. He liked it but one of his questions to me was: why was I always playing the down beat in a song that had a jazz feeling? I explained to him that I was being the anchor because our bass player at the time needed me to do that. Nowadays I'm refusing offers to be the anchor. Everybody needs to work to have the tempo inside. Period.

Bob also said that giving a record (the thing that I had done to him) was not a normal procedure for a New Yorker (tough guys!) then, he gave me one of his albums (friendly New Yorker) and taught me: "think in terms of two measures and one accent. No

people) so I will play my best because I can do what I really want to do.

Read and listen within yourself the words of the master painter Paul Klee as he talks about the work of an artist:

> And yet, standing in his appointed place (...) he does nothing other than gather and pass on what comes to him from the depths. He neither serves nor rules – he simply transmits. His position is humble... He is merely a channel.
>
> Don't play for yourself, play for the music.
> Our goddess will thank you.

■■■

Impro

George Mooney, a good friend of mine, is a mover. A very good one, with some real strong concepts. You can't believe how many things he can put inside his old van. "It's all about planning: you project before you move a single muscle". What is the relationship between the conscious process of planning and the spontaneity of an improvisation? It is huge.

The process of improvisation requires an important operation: the acknowledgment of the field. The more you know about the job you have to do, (in this case, the number of bars and dynamics, and the knowledge of the motifs of the theme) the better. Because the only possible way to swing is to be able to improvise with ease. First you establish the foundation. Then, try to imagine (sing within

Dynamics

Everything.
Period.
Got it?

Studying classical music and playing pop music and jingles all at the same time gave me the chance to find a spot to stick with. I first learned it the hard way, by studying and trying to play all those dynamics marked in the contemporary percussion scores. They are very specific about it: *mezzo* piano and then *fortissimo* and then *pianissimo*. (Isn't it wonderful, all those Italian words that came all the way from Renaissance, when we had the origin of the Opera!...).

Then, when I was asked to play a popular tune and the guys would never give me any specifics, I would tell myself: "that's the spot, if nobody has done it, I'll do it".

It became one of my fingerprint features – the work with dynamics.

Then, you reader, may be thinking: "Oh. Look at this dude. He is a bragger."

Never so far from reality.

I'm playing just for music's sake. I'm not playing for myself, my ego.

Music produces strange feelings. It gives you such inner power when you reach a certain level, that your confidence is 100%. For humans with all their weaknesses, this means a lot. So sometimes people think "I'm the best and I'll show you". That's not the case.

The way I think is closer to life; it is completely different.

I'm a fortunate guy that can play an instrument and have a gig, and have a nice audience (it doesn't matter if it is of 2 or 200,000

You can especially observe in his ballads how his tempo sounds a little behind the beat (reinforcing the idea of the slow tempo – the tempo inside the tempo – the tempo within). It's on time, but is laid back.

Another example: Stone Temple Pilots.

What is the first question for the teacher?

"How long does it take to become a good player?"

It depends on your commitment. Don't push too hard; make your study a pleasure. Once you find your own rhythm, stick with it. This daily plan is the only way to develop a language and the groove. Unless…

You live in Brazil and there is an important World Cup soccer match… I was furiously making the best emulation possible of Mitch Mitchell on my bongos (the song was J. Hendrix's – Fire), when suddenly the door flung open. A big man with open nostrils (in fact there was some smoke coming out of his nose) and thick black eyebrows stood there.

His voice sounded like thunder: "Time to stop?"

I told my father: "OOOOO.K. Dad. Let's see the second half."

Brazil won that cup starring the soccer legend Pelé and Co.

Search for originality without denying tradition. Max de Castro, a young Brazilian singer and songwriter, is the perfect embodiment of this concept.

Tradition is like water. Vital. Like pulse. The solid ground where you set your feet and stand, and walk, telling your musical stories.

■ ■ ■

work are very important tools to go to the next step in your search for knowledge. Repetition too. Remember we are dealing with time.

Tempo means time. It describes how you deal with the beats. With a drum machine or a metronome you can work on it. You can be ahead, you can be on or laid back.

A samba school tends to play ahead; more than that, they tend to push the tempo forward. The excitement, all those people, the adrenaline going... It's a whole year of rehearsal happening in just 80 minutes at the *sambódromo* (a kind of samba stadium) so, they rush. And then, there is the parade, the walking, the waste of liquids and energy, the tempo slows down. Time to listen to the whistle of the master of the *bateria* (the full percussion group, which can have as many as 400 people in its formation). And that reawakens everyone and brings the level back to the initial urgency.

I was talking about absolute time. But my concern here is about relative time too. In those sixteenth notes there is an elasticity that makes it possible for you to play ahead. You have a group of four sixteenths. You play the four rushing a little bit, but you manage to play the fifth one (the first one of the next group of four) right on time. You have the sensation of pushing but the beat is still there evening out at every start of groups of sixteenth notes.

An example of the tempo "on" is a pop song or a jingle for TV. Generally, those are short pieces (commercials: time is money). You have to listen to the click and you don't release it until the piece is finished.

To talk about laid back *tempo*, I have to mention "the" drummer: Elvin Jones.

He played a part in Zachariah, a 1971 movie billed as an "electric western", and that is where I learned how to do the triplets using the right foot. He portrayed the bad guy, wearing black. After finishing with his opponent, he played a drum solo at his saloon. What a script!

forever, and then finally subsided in a languorous bliss. It was the most beautiful, peaceful feeling I had ever had.

Very spiritual, isn't it?
Let's read a little more:

It was only when I came to take off my swimming trunks that I realized I must have had an orgasm... I did not feel anxious or guilty... I felt as if I had discovered a great secret.

Extremely carnal, don't you think?
That's it. The two sides of a coin, Yin & Yang. Complementary. Inhale and exhale. Organic. Parts of the same One.
To achieve something: the athlete works out to get the golden medal, the scientist researches his whole life for a discovery, the disciple prays/practices in order to reach satori and we, musicians, have this wonderful opportunity to work hard and have the pleasure of giving it all till we attain that groove, bossa, macadame, swing...

■■■

The manager

(now is the hour)

The subtitle of this chapter is the name of a CD by Mr. "Fat Sound" Charlie Haden. The cover is Eisenstaedt's iconic photo of a couple kissing each other, the urgency in war times. Time is the subject of this study, we are talking about rhythm. Rhythm in your instrument, in your music, in your life. Focus, concentration and hard

The hours torture the lover
As they rush or slowly go by
If time could understand love
It would come to a halt...

After reading your message
several times,
I must open my heart
and tell you the truth

When I met you,
I discovered myself, my dear
And found out the very reason
for being alive...

I hate the minutes that rush
when we are together
I hate the minutes that stop
when we are apart...
The hours torture the lover
As they rush or slowly go by
If time could understand love
It would come to a halt...

Love. What is it? Maybe an attempt to experience the supreme with the other... To reach the supreme through togetherness?

Oliver Sacks describes in the same book mentioned above some enlightening experiences. He says:

(...) but I, in a lazier mood, found a corkboard and hoisted myself... I lost all sense of time as I floated... A strange ease, a sort of rapture came upon me... something magical was happening... an enormous wave of joy that lifted me higher and higher, seemed to go on and on,

Mechanization plays an important role in the work of a drummer.

The thesis... let's get the jazz feeling and think how important it is to have the correct statement of the rhythm made by the cymbal (right hand) and hi-hat (left foot). This is the face of the rhythm. The presentation. With good work of tempo, tone and swing on this matter, this can be almost all.

The antithesis... But you have also the phrases (bass drum and snare). The part played by mechanization has to be mastered in a way that you can leave room for your conscience to work the phrases. This means you don't think about it. You do it "irresponsibly", because you have already mastered the process.

The synthesis... Then you have the third process: after establishing your phrases, you start a dialog with the mechanization, creating then what I call "cutting edge" music.

Technically speaking (the field here is neurology) you deal with a sub-cortical operation (the conditioned reflex after the work of repetition) a cortical operation (the phrases happening at that very moment) and the interaction between the two, generating a dialog that frees the mechanized part to think once again.

Zen is always talking about opposing/complementary ideas. And about levels of conscience and enlightenment. So I feel free to talk about one of my favorite subjects: passion. That which makes you move, the one that makes you love.

Bertrand Russell in his autobiography says in the introductory chapter: "I have sought love, first, because it brings ecstasy – ecstasy so great that I would often have sacrificed all the rest of life for a few hours of joy."

Rosa Passos sings a song that resonates with this idea. The lyrics, which talk about time, (the hours) and space (the distance between two lovers), make me think of my feelings as I read Stephen Hawking explaining to us the principle of uncertainty. The field where lovers dwell.

The song:

The proud awareness of the extraordinary privilege of responsibility, the consciousness of this rare freedom, this power over oneself and over fate, has in his case penetrated to the profoundest depths and become instinct, the dominating instinct. What will he call this dominating instinct, supposing he feels the need to give it a name? The answer is beyond doubt: this sovereign man calls it his conscience.

That means: "it's up to you to do what you have to do".

Oliver Sacks in his wonderful book *Uncle Tungsten* describes, among many interesting concepts, the groove and levels of conscience when he talks about his music teacher:

Ticcicati drilled Marcus and David in Bach and Scarlatti with passionate, demanding intensity (…) and at times I would hear him bang the piano with frustration, shouting –'No, No, No' when they failed to get things right. Then he would sit down sometimes and play himself and suddenly I knew what mastery meant.

He deals with two ideas that are really interesting. The mastery itself (musical achievement) "to get things right" and the awakening of Mr. Sacks' spirit, when "suddenly I knew what mastery meant."

In his book *Introduction to Zen Buddhism*, when Dr. Suzuki describes the process of illumination (satori) he often uses the word "suddenly" to show us the turning point between a previous life and the new one, filled with light. He says:

Satori may be defined as an intuitive looking into the nature of things. In contradistinction to the analytical or logical understanding of it. Practically, it means the unfolding of a new world hitherto unperceived by the confusion of a dualistically trained mind. Or we may say that with satori our entire surroundings are viewed from quite an unexpected angle of perception. Whatever this is, the world for those who have gained a satori is no more the old world as it used to be.

Responsibility of the irresponsible

(levels of consciousness)

While still a teenager, I started to look for ways to expand my musical development and search for new paths in the musical field. I decided to study classical percussion, first privately and later at the University of São Paulo with Professor Claudio Stephan. One day, since I was late with my homework, I tried to explain to him what had happened. He stopped me mid-sentence: "This is an explanation, just words. I would rather deal with your work".

I learned an important lesson.

A similar concept can be found in the introductory note of a method that happened to open for me the doors of perception in Jazz: *Advanced Techniques for the Modern Drummer* by Jim Chapin.

He says:

> Nothing in music is more objectionable to the average dance musician than a drummer who continually practices bass drum and snare drum syncopations and generally fools around to the extent that this rhythmic line is broken.

He is dealing with the concept of responsibility. You can't fool around at the drum kit, you need to show attitude. You have to be focused, you have to be responsible and make sure that everything is in the right place (the coordination and the occurrence of the playing of the four limbs on the drum set).

Let's read what Frederick Nietzsche, the German philosopher, thinks about the idea:

or the *surdo* figure and the hi-hat can be played in three different ways that can be combined:

• the right hand does the sixteenths (an idea that we will work on later) and the left makes the *telecoteco* or *tamborim* (the small drum played with a thin stick with a characteristic treble sound) variations on the hi-hat.

Telecoteco

Tamborim

• playing "basic" the group of sixteenths with alternating hands and dealing with accents. This is the activity that "woke me" to the concept.

• using again the tambourine variation with alternating hands (that could be just on the hi-hat or hi-hat and snare when one plays the accents on the hi-hat with the right hand, while with the left hand one plays the ghost notes.

This style of playing is very simple in terms of the required technique but its clearness gives something different to the music.

Groove is communication. It produces a reaction in people.

We could feel this feedback after playing the up *tempo* arrangement of "Deixa". It was the moment when the band and the audience were one: tied (energetically) to the same pulse, going after the groove.

■ ■ ■

I had to concentrate on all these small operations. And I also told myself that nothing could be left behind.

A life lived in the present. This posture made me think of each small achievement, leading my mind to forget the "big" questions and celebrate those small successes in the end of the day while jogging. Think of the refresh button on your computer; it is exactly the same.

Speaking about jogging, this city and its beauty has given me the motivation to be in shape. I make my circuit at Belle Meade and whenever possible, I cross the small bridge that leads to the Island. I am there with the birds and especially with people: some of them with their children, some walking their dogs, and others, joggers like me. Everyone greets you. I find this American habit very stimulating; kind of a mutual reconnaissance that you are in motion, sharing something, together. Little by little, I feel like I belong to this new world.

I started playing the repertoire of the Brazilian greatest (at Gil's Café) with a tiny drum set that belonged to the house. It is a small venue. A great opportunity to develop the brushwork. Though I am a big fan of the brushes, I always went towards the big sound.

The piano dynamics (very soft) and the small kit produced in me a focus through synthesis. I was not "distracted" by different timbres or lots of phrases. I was going in the direction of the color of the rhythm, the groove.

The low dynamics demanded by the tiny (almost nonexistent) audience made me hear the note, group of notes and at the end of three months of this steady gig, I came up with a different way (for me at least) of playing samba: just the hi-hat and bass drum. The bass drum does the basic figure:

Miami

(the neon dancing waters)

S'wonderful, s'marvelous... Diana Krall's CD was released when I arrived in America. In a way, these words represent what I feel every time I take the Julia Tuttle causeway (195) to go to school. All that water fills me with a calm, soothing feeling. It is a similar sensation to what I feel every time I arrive in Rio de Janeiro by plane. Tom Jobim describes the view from the window of the airplane in "Samba do Avião" and "Corcovado" (how beautiful)! In fact, these two cities have a lot in common, from the Deco architecture to the lush landscape and the feeling of being always surrounded by water.

Bossa Nova was created in Rio. And Bossa Nova and samba were the type of music that I started playing shortly after my arrival.

You have to be cool in Miami. You have to patiently wait to cross the railroad tracks in the middle of the city (a scene that always reminds me of "Barbary Coast" from Weather Report's album *Black Market*). Also, you have to wait for the boats in the waterways to go by so that you can cross the drawbridges.

Moving to a different country requires a very refreshing posture; although you count on your previous experience (and I have traveled to several different countries playing in different bands) there are many day-to-day operations you have to get acquainted with (gas station, bank, supermarket and the language, to name just a few). I experienced the sensation of being a student again, taking an English course and learning another way of life. Lots of information coming in at the same time. I had to be focused, aware, in order to succeed. And I figured out a concept that in the end was the seed for writing these ideas.

And the groove that this division generated! And, to add even extra swing to the whole performance, there was Machito dancing in the center of the stage. I already knew about the clave beat, but I was astonished with that groove on the bass: what would you call the heart of the beat? I'll leave this decision to you, (while I think of my days in college, studying *Opera Aperta* by Umberto Eco)...

What I know is that the *surdo* is the heartbeat of Samba. Its low tone sets the beat for the entire samba school, the always-present strike on the second beat of the 2/4 measure. Jorge Benjor, the Groove Master, a singer, songwriter, guitar player, percussion player, with many gold albums of Samba/Funk/Soul, has a tune dedicated to the instrument: "Bumbo da Mangueira".

Another Festival, this time in Brasilia, where we were opening for Som Imaginário. The song was "Folhas Secas". The music started with the drums and I still remember the depth of the *surdo* setting the pace for this wonderful song that evokes the passing of time. Paulinho Braga, the man behind the drums, played the toms in a higher volume than the snare (to compensate for its penetrating dominant timbre) and that worked wonderfully.

The heartbeat in Jazz? Easy. Snap your fingers at 2 & 4.

Rock & Roll? 2 and 4 again. The powerful snare drum.

Reggae? The guitar that plays on the upbeat on the four measures of the beat. And the bass drum on the downbeat.

I remember my very first night with our band abroad. The opening concert of Pau Brasil in Switzerland. We were in Geneva and the guys went to sleep because they were tired. I went for a walk. I had to go for a walk. I loved the idea of being able to play in a different country, of bringing our music to another culture. In an age before the Internet, when the countries seemed farther apart, I felt deeply moved by this possibility of being able to speak with the world.

■ ■ ■

told me that these moves are unbeatable in the dancing circles at the electronic music fests.

Body language is present even in the lyrics of our songs. "Garota de Ipanema" (one of the most played songs in the world ever) composed by Antonio Carlos Brasileiro Jobim, with lyrics by Vinicius de Moraes. The girl from Ipanema describes that girl's sweet way of walking, with her "*doce balanço*" (sweet gentle swaying). Can you see that? A photo in "words" which speaks about that woman's beauty and her groove.

"*Balanço*" means swing, the groove, and I rest my case.

∎∎∎

Surdo

(the heart of the beat)

I was in Paris, excited; it was my first major international gig at the Jazz Paris Festival with the band Pau Brasil. We opened for a wonderful group, Machito and the Salsa All Stars. I was amazed with the bass phrase:[2]

---

2   We believe the author has heard Salsa, Songo, Tumbao etc.

Let's start with a "Calango" pattern.

Calango

[musical notation: DR. in 2/4 time]

The melody goes like this:

[musical notation: GUITAR in 2/4 time]

And then you have the steps... (C'mon, stand up and start moving, we are talking about body language).

Initial position: feet standing 10" apart
Mov. 1: right foot one step back
Mov. 2: lean on your left foot
Mov. 3: right foot one step forward to initial position
Mov. 4: left foot one step back
Mov. 5: lean on right foot
Mov. 6: left foot one step to initial position

The arms accompany the foot motion, in a defense position (protecting the face). When the foot is back to the initial position (Mov. 3 & 6) the arms go down preparing the transition to the other arm.

All right. You have a dance in three steps and the rhythm played in 2/4.

You need to have six beats to have the whole cycle between the two. The rhythm within the rhythm. Capoeira has even made it into electronic music. My bro' Adrian (a Drum and Bass addict)

guitar. And the way he phrases the melody as he sings on top of it. It is all there.

An American that is a master in this art? Mr. Warhola, Andy Warhol. He introduced Henry Ford's concept of assembly line into an art context, breaking the rule of "purity" of an artwork and electing a theme, like the "Campbell Soup", as an inspiration for a picture that repeats itself.

PS: Repetition can be dangerous and hilarious as you find in Charlie Chaplin's movie M*odern Times*.

■■■

Body language

As we finished a set here in Miami with the Bam Bam Z Project, we sat for a chat and a girl came by and started to comment on our performance. She said that she felt I wasn't just playing, I "was" the drums because of the motion and etc... Very complimentary. The story can be used as an introduction to our subject. To achieve that boiling point, when all musicians tie in and the machine cooks, you have to be relaxed. And more. You are in motion, so your body, even if it is not your intention, is "dancing". So, don't be too stiff or cautious about your relationship with the instrument. "Be the instrument". Let it flow.

Talking about my culture, we have a fight/dance there, Capoeira, that encompasses music and movement and which is just perfect for loosening up and dealing with the rhythm within.

Répétition
(in french, "rehearsal")

Repetition is everything. The key to achieving the groove.

In order to establish the fluency of the rhythm within (once you have figured out which is the appropriate one for the situation) you have to play that basic pattern until you find a comfortable feeling in your body as you play the cell. The figure has to be completely mastered in mechanical terms, so you have to play and play and play...

And suddenly you will find your music floating. Be patient. What does it take? Time. It works by itself. It's achieved by the dedication to your work. Then there is just a cell. It is not a matter of working with the unconscious. It is "so" conscious that you don't need to think about it anymore, it is there, mastered, achieved.

Repetition in French means rehearsal, it is a slightly different idea, but it happens to be a concept that is very suitable for this case. Rehearse the pattern until you find your groove and then you can play phrases. The beat will be even. I like to use the expression *"ficou redondo"*, which in Portuguese means that the sound went "full circle," with no sharp edges, smooth.

The master of this craft is João Gilberto. Guitar player and singer, one of the creators of the Bossa Nova (along with Antonio Carlos Brasileiro Jobim), João Gilberto is also responsible for its popularity. Miles Davis loved him. He is able to work on a tune for months, even years, before performing it for an audience.

Weird stories about João? There are several but none in this book. Check out his famous album *Amoroso* (with Claus Ogerman's wonderful arrangements) and that guitar beat. Don't pay attention to the rhythm section. Focus on the work of his acoustic

Let's explore the concept of "macadame" and ask a band that was huge in the 70's and 80' to lend us a hand – and I'll tell you, they can really groove – Earth, Wind & Fire. Take their version to the Beatles song "Got to get you into my life":

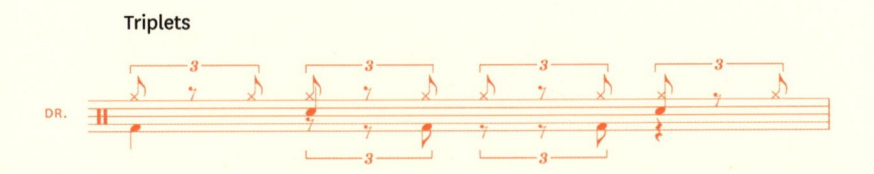

Triplets

and you have the perfect feel of the triplets in that shuffle feel.

And then you take:

Sixteenths

and they are playing the sixteenth note feel. You can easily play a samba figure on top of that rhythm. Eclectic as they were, they played both "feels" with skill.

Next step? How to think of the sixteenth note.

∎ ∎ ∎

If you have a drum set available (or two percussion instruments or even your couch), try to play the basic rhythm on the cymbal and do some phrases using each of the figures chosen in the snare drum (left hand). Play them separately to feel the groove of each one. What you'll find is that the dotted and the triplet notes are more suitable as accompaniment than the eighth and sixteenth notes. Although the eighth and sixteenth notes sound wonderful, the idea here is the "get along" feeling.

Why has this happened?

Because basically, Jazz is a 12/8 beat "translated" to a 4/4 form. The basic feel of Jazz is:

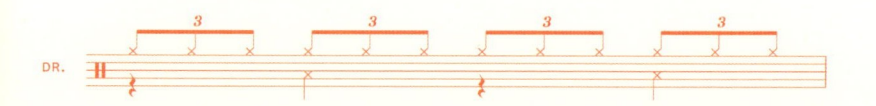

And of course you play along more easily with the above-mentioned figures, because they occur at the same time of the basic tapestry formed by each group of three-note triplets.

In Samba, following the same line of thought, the feel is that of the sixteenth note.

There are several syncopations (one of the strongest characteristics in Brazilian music) but what we will focus on is the "macadame". To play with *suingue* (swing) you have to internalize the feeling of the group of sixteenth notes. Even if you have a pause, you need to have this beat inside yourself.

I will never forget the example of a maestro in an orchestra in São Paulo. To explain the idea (the music within) he put his finger inside his open mouth, pointing to the interior of his body, showing the way to feel the music. He was absolutely right. Music is not on paper, even though that is a wonderful way to record it.

Foundation

A big step in my relationship with the groove happened when I started playing with Luizão Maia. My brother, period. He was the "creator" of the electric bass in Samba. The secret? A ghost note that he plays with his nail and his way of playing like he was playing a *surdo*. He was the first (and probably the only) bass player that played with a Samba school in the streets of Rio de Janeiro.

When Luizão referred to "suingue" he used the word "macadame".

Macadame (from the English Macadam) is a type of pavement used in the early 1900s to build the big Boulevards of Paris. The idea he was expressing through this word was that of a foundation, the base of everything, the power of the unseen. This is, in essence, the rhythm within.

Let's pick an example: Jazz.

You have that basic figure that expresses the idea:

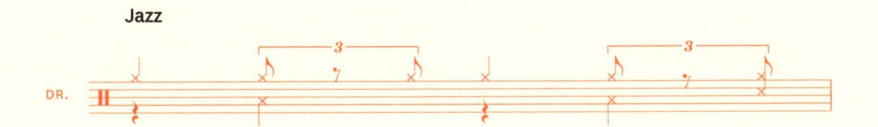

Jazz

And you have the infinite possibilities of using different phrases to play along with this rhythm.

Let's be basic and choose four:
- Dotted notes
- Eighth notes
- Triplet notes
- Sixteenth notes

In a programmable device, like a drum machine or a keyboard, you have the quantization function that automatically corrects your *tempo* by putting your note in the "right" place. It is electronically programmed towards absolute time. Classical music tends to think in these terms, moving towards this direction. And the *rubatos*, *accelerandos* and *rallentandos* give the maestro or soloist the tools for an alteration of the pulse while the music is being played.

Brazilian rhythm has a "balanço" – a groove that may be inconceivable for a "waltz meister". If you watch a soccer game between the two countries, you will observe the differences in their body language.

I have to make a statement: I love Beethoven's music.

I once sang the "epic" 9th (with other students in a summer course at the "Teatro Municipal" of São Paulo). It has such huge power.

And so does the wunderbar, wonderful Brazilian music.

Both have their own swing, but are played in a different way, with a different pulse.

So, what music really matters to you? Simply the music that gives you the greatest pleasure! Basically, it's all about the sound you want to create and bring to the party.

Let's leave this idea for another chapter.

Let's go to the roots. Foundation.

■ ■ ■

Maracatu Agogo

Maracatu Snare

Maracatu Gongue

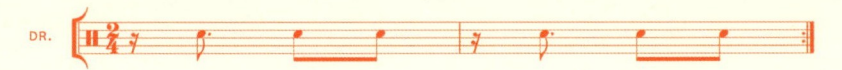

Maracatu Maraca

Maracatu Virador

Maracatu União

"Dadadadah"!

No way! Even if, in a subliminal way, it doesn't seem to be possible... The pulse is different!

One is almost a stiff military pulse with lots of air in the lungs, the other one is a loose, lazy pulse, full of responsibility in its irresponsibility. In fact, each one has its own swing, just of a different kind.

For your reference, you will find below a transcription of both rhythms mentioned.

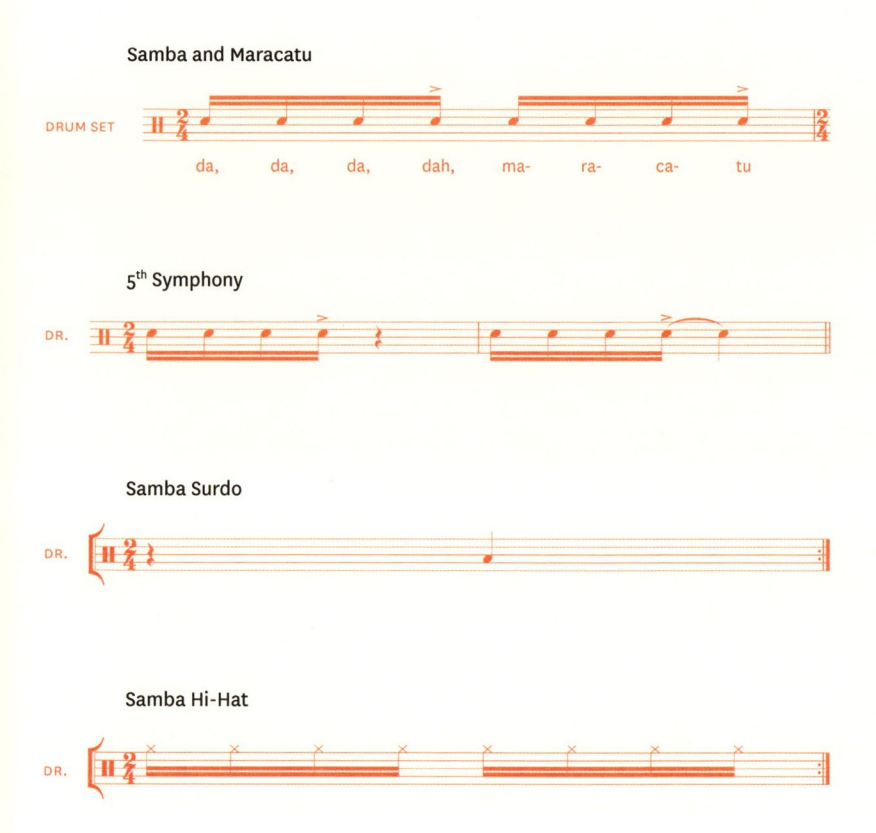

Samba and Maracatu

5th Symphony

Samba Surdo

Samba Hi-Hat

Let's cool down a little bit and bring in an example.

The very first one is a "sacrilege" (at least for my teachers at the University of São Paulo) committed against the "classic" European music but, since I believe in all gods, there is no possibility of transgressing. Everything is pulse!

...So, you have decided to change your plans and instead of going to carnival in Rio where samba sets the tone, you picked out Recife, where Brazilians party to the sound of Maracatu.

Carnival in Brazil is The Party (the biggest event of the year). Some people live their lives for this event.

They work the whole year waiting for these four days; or better still, for the day their samba school parades in the streets, vying for the first prize.

And now, there you are on the streets filled with people, checking the girls out, (I love to watch them dancing and talking...). And then, you listen to the snare drum playing to their dance:

Dadadadah, dadadadah, dadadadah.

Aren't you a musician? It's easy to figure out this idea, just put the name of this rhythm in the place of the notes (there is an accent in the "U") and you will understand what I mean: Maracatu, Maracatu, Maracatu.

And then, after a caipirinha (the most popular Brazilian drink among foreigners) you go to your hotel. Remember, you are a German guy (are you?) looking for some fun. However, since you're dealing with this huge hangover, you want to stick with the classics, so you turn on your FM radio and find a comfortable Beethoven's 5th Symphony to listen to. And then:

Dadadadah... dadadadah... dadadadah dadadadah dadadadah.

My question is: does our hero (you, my dear reader) make the connection between the two rhythms and notice the similarity between these sounds?

It's basically the same figure being played. The same 2/4. What do you think?

But it also contains another component that can make you define a new parameter: the groove.

Let's talk about concepts. And the first one that we will deal with is this element that brings music to life: pulse.

To understand pulse we have to deal with *tempo*. *Tempo* is there in the metronome. Measurable. The time established by the composer. Absolute.

And you have the pulse, the relative. If a maestro indicates an *accelerando*, he/she will speed up his movements to set a faster *tempo* for the orchestra. In doing so, he reduces the spaces between the notes in order to reach the other *tempo*. He uses the pulse to reach the new *tempo*. The relative towards the absolute.

Take a pulse then add to it another one and you will get a sample of what we call rhythm. A rhythmic cell is a group of pulses. It has music within itself.

The cell makes the rhythm recognizable by its configuration and its repeated occurrence.

Let's refresh our memory and go back to rhythm.

What makes rhythm exist? A pattern, with its repetition. When this pattern is repeated on and on, we give this repetition a name: Samba, Jazz, Maracatu, Son,[1] Waltz, Polka, etc.

We are talking about the tapestry that goes under the phrases in music.

The first element. The beginning of everything.

A note (and its correspondent space), which creates some characteristics: the genetic memory. The identity.

Once you find out the characteristics of that note (and space), you will have the pulse. Its existence is created from the quality of the note (eighths, triplets, sixteenths, etc.). From this very first identity, you will create the cell, then the pattern and after that, you have the rhythm.

---

[1] Cuban rhythm

notion since I realized I could think. My first perception that I was, indeed, a "being". I groove, therefore, I am.

And it was through these concepts, sounds and memories that I found a path in my musical thinking. This study deals with my experience in music throughout all these years. I feel I am very fortunate because I have been able to explore the world and visit such different countries doing what I like most.

The experience of listening and of feeling the music is very important to the general concept presented here, so I have included some examples that I find suitable, and I have made some comments to focus on the relevant aspects.

We will talk about Brazilian music, the tapestry of my musical information (the music within) as well as the music of the world and its beauty. I have learned so many things about different cultures, bless them all. Although the major examples are based on Brazilian music, the concept can be used for any music.

It's a matter of going for it. Have fun.

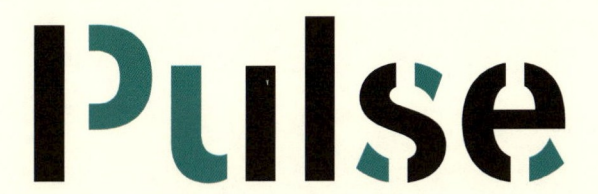

•••

Pulse

Vital.

That's the very first thing the paramedics will check if you have a health problem in the streets.

Music is made from this small and significant element. Pulse is the note. And it is also the space that happens until the occurrence of the next note. It has potentially melody, harmony and rhythm within itself.

Brazil. I want to share with you a little of our vast culture and music that has sailed deeply in the waters of African tradition.

Am I being pretentious? Yes, but this is the only way to achieve something: to have an idea and work towards it.

■■■

Intro

In the beginning there was the note.

Then, a group of notes.

These groups occurring in time generated a repetition.

So, you have a pattern and... maybe, you have the groove.

What is the difference between a pattern and the groove?

It's simple; it's crystal clear.

Think of a bird.

Better, think of the generous pelican flying in the marvelous Florida sky at 5:30 pm (when I go for my jog). The insight came to me, as I saw it flying. As a bird takes flight, the effort of lifting a body heavier than air is a pattern. (Santos-Dumont, the Brazilian aviation pioneer, pops into my mind)... Then, think of this same bird doing that exquisite dance, gracefully soaring and gliding through the air and what have you got? Groove.

This idea of understanding the groove came to me after receiving an invitation from Dr. Ney Rosauro (chair of the Percussion Department at the University of Miami) to give a Master class at UM.

The concept of groove was already there. I had been dealing with this perception since I started playing guitar at eleven, or maybe, even earlier. In fact, I may have been dealing with this

Taboo

(a preface)

This is what this book is about: analyzing the groove.

For many musicians, it is an unthinkable matter. Not for me.

Swing: some people have it, some people don't. Some have more and some, less. Black folks have it. (And then again, some black folks don't). With white people, same deal.

There is a tradition in Africa where the shamans put an entire tribe playing their drums in unison. Every musician with a wise mind would like to embrace this tradition and be a part of it. But then, one's nature will make all the difference. Some will swing just a little and some will swing like crazy.

And that is a matter of how one deals with the **natural** and the **achieved**: your natural gift and the talent you develop. And once you achieve it, you can talk about it. It's not the color of your hair; it is a process that can be studied so you can improve your performance and make better music. Swinging music makes all the difference to me.

My goal here is to investigate what makes an audience bond with the artist, and become one with the groove. I want to explore how it happens, from a technical, physical and intellectual perspective. I have been working with this idea since I was a little kid. You find the groove everywhere: it adds zest to life.

I would also like to talk about my experiences in music.

The two ideas are extremely related. And since I'm talking about this, I must talk about the environment where it occurs: my country,

I'm the lizard king, I can do anything
JIM MORRISON

To my parents Maria Olga e Azael

surrounded our family after Z's untimely death, we may have unintentionally donated some of his books and notebooks without fully realizing the value of the materials we had in hand.

Like an unfinished symphony... Still, as Herbie Hancock suggested, at the end of the day, in the grand stage of all lives, that which emanates from each one of us remains clear and wholesome, simply because it is what it is. And in *The Rhythm Within*, as he opens his heart and candidly speaks of certainties that he perceives on a cellular level, Azael Z Rodrigues shares with us the poetry of his being, his humor, his dreams and leaves us with a musical impression of his journey through life.

Gaia Dyczko

REFERENCES

DOFFMAN, Mark Russell. *Feeling the groove: shared time and its meanings for three jazz trios.* Open University: London, 2009.

SCHOBER, Michael F.; Spiro, Neta. *Jazz Improvisers' shared understanding: a case study.* Frontiers in Psychology, 2014. www.journal.frontiersin.org

WITEK, Maria A.G.; CLARKE, Eric F.; WALLENTIN, Mikkel; KRINGELBACK, Morten L.; VUUST, Peter. *Syncopation, body movement and pleasure in groove music.* Public Library of Science, 2004.

The first documented research paper on the groove is Mark Russell Doffman's doctoral thesis in 2008: *Feeling the Groove: shared time and its meanings for three jazz trios*. Doffman states "within the literature, no single perspective on groove exists and that several questions regarding the relationship about timing process, phenomenal experience and musical structures in this field still need to be addressed." A later study from 2014, *Jazz Improvisers, Shared Understanding: A Case Study*, published by a team of researchers from the University of Cambridge and NYU, examines the relationship between musicians improvising together and the synergy between the audience and musicians. Finally, *Syncopation: Body-Movement and Pleasure in Groove Music*, also published in 2014, focusing on the relationship of the rhythmic complexity associated with groove and the pleasure of music through body movement, brings us back to the first chapter of *The Rhythm Within*.

Although *The Rhythm Within* predates these academic studies on the groove, an argument over chronology or intellectual property does not seem relevant at this point because ideas are virtual and they flow, waiting for their moment to take body and life among us. One just needs to be still and listen within. Instead, I am more interested in these different thought processes, which ultimately share the same perception. While the academic studies on the groove approach the subject from a scientific perspective, with measurable patterns devised to achieve proof and results, "Z" anchored his writings on a more poetical premise, though he also sought a scientific basis for his convictions through his correspondence with neurologist and musician Oliver Sacks.

I did not have a chance to work with my brother Z on the book as he died unexpectedly before my return to Brazil and I often wonder about the editorial direction and additional content he may have wanted to include before completing *The Rhythm Within*. Two of the chapters, "Three Worlds, One Foundation" and "Take Five", and some of the music transcripts have been lost. In the sadness that

Foreword

> *The discovery process of who you are as an individual...*
> *At the end of the day, nobody can take that from you,*
> *that which is created by your own being.*
> Herbie Hancock

It was October of 2015 and I was back in São Paulo on a short trip. As usual, I stopped by my brother's for a visit and on that balmy spring evening, Azael told me about the book he had written when he lived in Miami between 2000 and 2003. After 12 years in Brazil, he was eager to resume writing, add musical transcripts to the text, maybe a few new chapters, and play a bit more with his original ideas. It was, after all, a project that was very dear to his heart. During our conversation, he invited me to translate his book to Portuguese and we agreed to work together when I returned to São Paulo.

The Rhythm Within originated in 2001, when my brother, Azael "Z" Rodrigues was invited to teach a master class on percussion at the University of Miami. The experience was so rewarding that he felt compelled to write about this passion, which was the leitmotiv of his life.

Initially conceived as an examination of the concept of groove in music and as a manual of percussion techniques, the book is also a collection of memories, emotions, travel stories, and reflections on life. Naturally, it was written in English, because "Z" was living in Miami and dreamed in English. Writing for the sheer pleasure of sharing his perception of the groove as a link between consciousness and the divine, "Z" addresses topics that predate academia's research on the subject.

The charm of the book won us over. Everyone who read it fell in love with it and gave it their best, from the designer, Flávia, to my friend Percio Sapia, who was in charge of preparing the scores. Gaia, Clara, Germana, Jayme, Gabriel and myself all worked hard – I had never seen our editorial team work so closely and well together.

It seems to me that nothing happened by chance: 1) that Azael left a manuscript; 2) that his sister decided to give it life; 3) that she found our publishing company; and 4) that all the partners found the book to be wonderful, and committed to making it happen.

Truely, this is a happy event.

Filipe Moreau

Editor's note

Books such as this give me the hope of a happy mankind. I met Azael when I was a teenager, and I was saddened to hear of his passing in 2016. A feeling that life goes by too fast took over me, and I felt that we must seize the opportunity to see old friends wherever they are.

The first time I saw Azael on stage (maybe in 1978) was at a show at ECA (Escola de Comunicação e Artes), playing with Tonho Penhasco and Skowa. In addition to drums, he sang and played the guitar. I later learned how to play two of the songs: Esoterico and Chuck Berry Fields Forever, from Gil's album in Montreux.

We still knew each other only by sight, because he was a little older, a friend of Tuco Freire, Suzana Salles and others. But then, we became closer and I watched several shows with Felix Wagner and Suzana, some under the stars, in the Vila. He then got together with a friend of mine, Rodolfo Stroeter, to form the renowned band Pau-Brasil, alongside the virtuosi Nelson Ayres and Roberto Sion. I then had the opportunity to attend many of his concerts, all of them magnificent.

There are several wonderful acquaintances that end up being lost in time because life moves on relentlessly … And we are left with a feeling that we must see all of our friends soon, and thank them for what we learn from them.

I was pleasantly surprised to learn in 2017 from his sister, Gaia, of his life in the USA, teaching music classes, and writing a book. Gaia did not know me and showed up at the publishing house, looking for one of my editors, Clara. She showed us this incredible manuscript that Azael had left, which still needed to be finalized for publication. She had completed the preliminary editing and translation but there was still a lot of work to be done.

7	Editor's note – *Filipe Moreau*
9	Foreword – *Gaia Dyczko*
13	Taboo (a preface)
14	Intro
15	Pulse (the tapestry that goes under the phrases)
21	Foundation
24	Repetition (in French "rehearsal")
25	Body language
27	Surdo (the heart of the beat)
29	Miami (the neon dancing waters)
32	Responsibility of the Irresponsible (levels of consciousness)
36	The manager (now is the hour)
39	Dynamics
40	Impro
42	Cup of tea (choices)
44	Personal choices
45	The temple
47	Music in my stomach
50	The letter
53	Oliver Sack's letter
54	Looping (mantra)
55	New York stories
60	Dream
62	Party on
63	Wunderbar (the guys playin')

© 2018 Gaya Dyczko
All rights reserved to
Laranja Original Editora e Produtora Ltda.
www.laranjaoriginal.com.br

Editors
Clara Baccarin
Filipe Moreau
Germana Zanettini
Jayme Serva

Organized and translated by
Gaia Dyczko

Revised by
Maria Eugênia Régis (Portuguese)
Celine Pompeia (English)

Translation of technical terms
Fábio de Albuquerque

Transcription of scores
Percio Sapia

Graphic design
Flávia Castanheira

Executive production
Gabriel Mayor

Every effort has been made to recognize copyrights in this book.
The editors would be grateful for any information regarding authorship
that may be incomplete and should be incorporated in future reprints.

Azael Rodrigues

The rhythm within

a brazilian passport to the groove

Organized by
Gaia Dyczko

LARANJA ORIGINAL

1st edition - São Paulo, 2018
ISBN 978-85-92875-28-2

the rhythm within